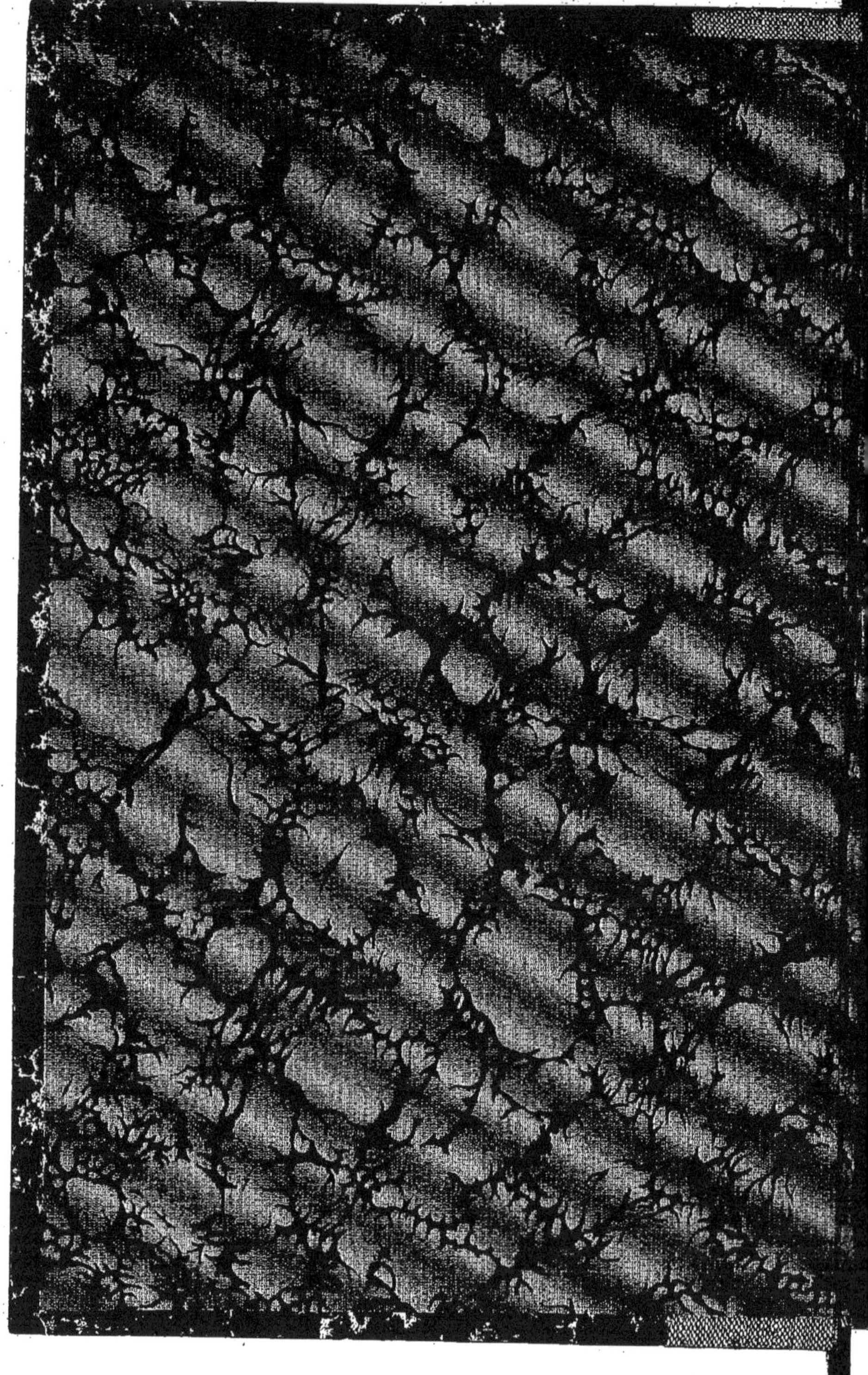

KARL ROBERT

LE DESSIN

ET SES

APPLICATIONS PRATIQUES

AUX

TRAVAUX D'ART ET D'AGRÉMENT

PARIS
HENRI LAURENS, ÉDITEUR
6, RUE DE TOURNON, 6

1893

LE DESSIN

ET SES APPLICATIONS PRATIQUES AUX TRAVAUX D'ART
ET D'AGRÉMENT

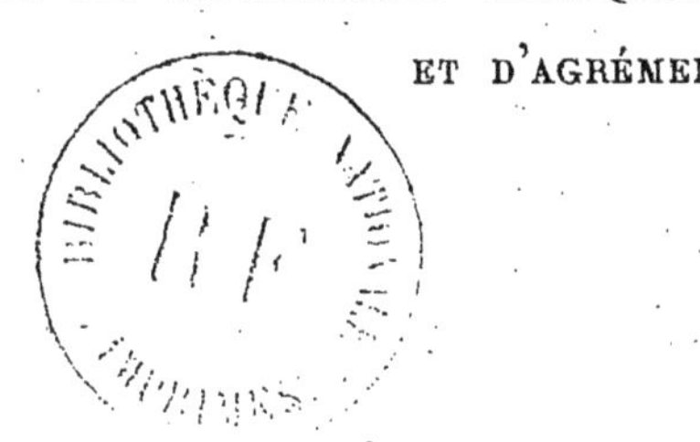

BIBLIOTHÈQUE

D'ENSEIGNEMENT PRATIQUE DES BEAUX-ARTS

PAR

KARL ROBERT (M. GEORGES MEUSNIER)

EXPERT AUPRÈS DES TRIBUNAUX DU DÉPARTEMENT DE LA SEINE
OFFICIER DE L'INSTRUCTION PUBLIQUE

TRAITÉS PRATIQUES ILLUSTRÉS A 6 FRANCS LE VOLUME

COLLECTION COMPLÈTE

1° *Le Dessin et ses applications pratiques aux travaux d'art et d'agrément.*
2° *Le Fusain sans maître* (19e édition).
3° *L'Aquarelle* (figure, portrait, genre).
4° *L'Aquarelle* (paysage).
5° *La Peinture à l'huile* (figure, portrait, genre).
6° *La Peinture à l'huile* (paysage).
7° *Le Pastel* (figure, portrait, genre, paysage, nature morte).
8° *Le Modelage et la Sculpture.*
9° *La Photographie*, aide du paysagiste ou photographie des peintres.
10° *L'Enluminure des Livres d'Heures.*
11° *La Gravure à l'eau-forte.*
12° *La Céramique* (porcelaine, faïence, barbotine, etc.).

MACON, PROTAT FRÈRES, IMPRIMEURS.

KARL ROBERT

LE DESSIN

ET SES

APPLICATIONS PRATIQUES

AUX

TRAVAUX D'ART ET D'AGRÉMENT

PARIS
HENRI LAURENS, ÉDITEUR
6, RUE DE TOURNON, 6

1893

AVANT-PROPOS

Ce livre n'a nullement la prétention de s'adresser aux artistes, pas plus qu'aux étudiants qui aspirent à le devenir. Aux uns, le livre n'a plus rien à apprendre, la nature est leur seul maître ; quant aux autres, nous ne saurions trop leur conseiller de suivre avec courage les enseignements de l'École, car elle est bien rude aujourd'hui la carrière de l'artiste, à moins qu'elle ne s'appuie sur un fonds d'études solides et sur de vastes connaissances, surtout dans la pratique du dessin, qui lui permettent d'entreprendre tous les travaux, en quelque genre que ce soit.

Nous nous adressons aux amateurs de tous âges, mais plus particulièrement aux jeunes gens et aux jeunes filles qui, sans vouloir devenir des artistes, sont néanmoins désireux de se créer des occupations artistiques intelligemment comprises et de se rendre compte des œuvres d'art qui les entourent. Or, ce but ne saurait être atteint sans une étude sérieuse du dessin. Je dis sérieuse, mais non point aride, aussi nous efforcerons-nous, dans cet ouvrage, d'écarter toutes les difficultés et d'aplanir la route, sauf à renvoyer aux ouvrages spéciaux l'amateur désireux d'étendre le champ de ses connaissances, espérant toutefois lui donner ici des conseils qui le mettent à même de continuer sans fatigue, et de bien discerner la marche à suivre pour les travaux d'application, dont le dessin est la base absolue. Aussi bien, pour quelques séances, un peu ingrates au début et qu'il faut absolument franchir, le commençant trouvera très vite un grand charme aux études du dessin, en suivant la voie que nous allons lui tracer, tant il y a que, parmi les arts d'agrément, le dessin est, à coup sûr, le plus attachant et celui dont le travail du jour fait le plus ardemment souhaiter celui du lendemain.

Enfin, le dessin est l'art du foyer par excellence : chez l'homme, il développe le goût des joies de l'intérieur; chez la femme, il a plus d'importance encore, car c'est grâce à la connaissance du dessin que les appréciations sont plus justes et que le bon goût préside au choix des modes, des toilettes et de l'ameublement, toutes choses qui ajoutent encore au charme de la femme et de la mère de famille. Dessinez donc, et dessinez chaque jour un peu, quel que soit le genre que vous adoptiez : fleurs, figures ou paysages, il importe peu, pourvu que vous dessiniez; et vous, Mesdames, accordez, parmi vos loisirs, la moitié du temps qu'on donnait autrefois au piano et, croyez-m'en, vos jouissances et celles de votre entourage en seront doublées, car l'un est le complément de l'autre, et il ne saurait aujourd'hui y avoir d'éducation complète sans une connaissance sérieuse de la musique et du dessin. Enfin, il faut constater, à l'avantage de ce dernier, que la musique passe et que le dessin reste. Songez, enfin, que vous aurez un jour de jeunes têtes à diriger dans ces deux arts où les éléments ne sont jamais si bien enseignés que par les mères, à la patience inépuisable, et dites-vous qu'il faut déjà savoir beaucoup pour enseigner un peu.

CHAPITRE Ier

DU DESSIN EN GÉNÉRAL

LE DESSIN

ET SES APPLICATIONS PRATIQUES AUX TRAVAUX D'ART ET D'AGRÉMENT

CHAPITRE Ier

DU DESSIN EN GÉNÉRAL

Nous espérons vous expliquer très nettement ce qu'on doit entendre par le dessin, si nous pouvons résoudre cette question que vous avez probablement entendue bien des fois : qu'est-ce qu'un dessin qui a de la couleur? et que faut-il penser de l'alliance de ces deux mots : couleur et dessin ?

Au point de vue strict, grammatical, si vous voulez, le dessin est la représentation par des traits, sur une surface plane, le papier, des objets naturels, quels qu'ils soient. Mais le dessin ainsi compris n'est que la description sèche de l'objet, faite en un langage dont les termes ou les lettres sont représentés par des lignes ou des points. Il n'éveille en l'esprit qu'une seule idée, la forme réelle des choses vues ; c'est le dessin géométrique plat. Or, dans la nature, les objets présentent toujours la forme sous différents plans, dont la plupart, au moins, sont visibles, les uns plus rapprochés, les

Le trait. La lumière et l'ombre.

autres plus éloignés ; les uns dans l'ombre, les autres en pleine lumière, le plus grand nombre enfin dans des demi-teintes variées. Le but du dessin est de rendre, par une série de traits, la forme exacte de chacun de ces plans, et plus l'expression en sera vibrante, plus le dessin sera coloré. Ce n'est pas tout, un objet qui, de sa nature propre a des mesures et proportions réelles,

Le dessin pittoresque. — L'effet.

mathématiques, perd ces proportions et ces mesures, sous l'influence du mouvement, telles lignes qui sont longues deviennent courtes à mesure que vous élevez l'objet au dessus de l'œil, et ces mêmes lignes, qui étaient courtes, deviendront longues, si vous abaissez l'objet en question. De même, si quelqu'un placé devant vous étend la main ouverte sur vous, l'espace occupé par son bras sur le papier sera relativement très petit, à peine verrez-vous le contour extérieur de ce bras. Le dessin n'est donc pas la représentation réelle des choses, mais la représentation figurée des formes et du mouvement.

En art, tout est fictif, et lorsque nous examinons un dessin, c'est moins la reproduction matérielle que nous admirons que la pensée de celui qui l'a exécuté, et lorsque nous aimons un maître, nous l'admirons jusque dans ses moindres œuvres, où nous retrouvons toujours la même expression de ses sensations et de sa volonté. Ce principe étant admis, et permettez-moi d'affirmer que l'expérience vous le fera admettre sans réserve, cherchons à nous rendre compte de la différence qui existe entre le dessin du trait et le dessin coloré. Elle est très nettement expliquée par Töppfer [1], écoutons-le.

« C'est dans la figure que je veux considérer le trait ; là seulement il se présente avec toute sa difficulté et aussi avec toute la rigueur et le sentiment dont il est susceptible. Mais pour apprécier cette partie de l'art, il faut partir d'un principe. S'agit-il de rendre par le trait des types ou des individualités,

1. *Réflexions et menus propos d'un peintre genevois.*

un homme ou un certain homme? A mon sens, ce n'est pas une question; ce sont les traits individuels qui font le mérite et le charme de la représentation d'une figure, indépendamment de l'action qu'on lui suppose et de l'expression qu'on lui donne. De ceci seulement peut naître la vérité[1], soit matérielle, soit poétique, car, dans la nature, nous ne voyons et nous ne concevons que des individus; de ceci seulement peut découler la variété infinie dans les œuvres de l'art, répondant à la variété infinie dans les œuvres de la nature. Du moment qu'on refuse d'accepter ce principe, on admet l'autre nécessairement, et le champ de l'imitation se rétrécit, devient uniforme et sans vie. C'était la tendance de l'école de David, estimable à d'autres égards, mais qui menait tout droit à ce qu'on appelle le dessin académique, dessin de types montés sur la statuaire antique, nature belle, mais morte, s'isolant de la nature vivante et réelle. Avec ce principe, l'art, faute de se retremper constamment à son unique source, la nature, chemine à part d'elle, sans s'en éloigner, sans s'en rapprocher.

Les termes que je viens d'employer me suggèrent un rapprochement. La langue académique, langue de formules élégantes mais froides, pures mais uniformes, cette langue en honneur sous l'Empire, c'est l'image de ce dessin académique dont je parle. Elle présente les mêmes défauts, par les mêmes causes. Elle substitue, en quelque sorte, le type à l'individualité, les formules consacrées par le bel usage aux expressions qui naissent de l'usage commun. Cette langue, la voilà toute et pour tous dans le dictionnaire; pas plus que lui, elle n'a de mouvement, de vie et de variété; elle s'est isolée de la nature, qui est ici le langage parlé, vivant, énergique, sans cesse

1. Ou l'aspect de vérité.

étendu, modifié par tout le monde et auquel, comme le dessin, elle doit se retremper sans cesse pour participer de ces qualités.

Si l'office du trait est de saisir par l'imitation jusqu'aux caractères individuels, cette partie de l'art rentre aussitôt dans le domaine du sentiment, autant que dans celui de l'étude, parce que celui-là seulement qui est organisé pour sentir ces caractères, pour en saisir les finesses, saura les imiter avec intelligence et les faire passer dans son trait. De celui-là seulement nous dirons qu'il a la bosse du dessin, comme du coloriste nous dirions qu'il a la bosse de la couleur.

Il n'en est pas ainsi du dessin académique. Il appartient à tous ceux qui y consacrent assez de temps pour l'apprendre. Il est tout d'étude : il se raisonne, il se mesure; en cela, bon pour l'enseignement, exquis pour les écoles publiques, mais, en cela aussi, manquant de ce principe de vie qui doit animer toutes les parties de l'art; de ce souffle divin qui ne se laisse saisir ni mesurer, qui s'aide de l'étude, mais en est indépendant; qui se rencontre, mais qui ne s'apprend pas.

Ce sentiment du dessin, lorsqu'il n'a pas été cultivé et épuré par l'étude, se manifeste par certaine énergie dans l'imitation des formes, indépendamment de la correction et de la noblesse; il saisit avec vigueur ce qui donne le caractère, ce qui rend l'expression, le mouvement; bien que grossier, il plaît par son feu, par sa naïveté, son aisance; c'est un langage barbare encore, mais varié, accentué, expressif, et il n'appartient qu'à un pédant d'école d'en méconnaître le charme. J'ai vu, dans des vignettes faites au moyen âge par quelques moines, telles figures dessinées de manière à faire hausser les épaules à un professeur, et dont tout le savoir du professeur n'aurait pu reproduire l'énergique attrait, la grâce singulière. Ceux-là le savent bien qui consultent ces vignettes et, assis de longues heures dans les bibliothèques publiques, étudient, dans des bouquins du XVe siècle, ces mérites de l'art à son enfance, si effacés, si perdus dans l'art perfectionné.

Tout ce que je dis là n'est point dirigé contre la correction et la noblesse du dessin, mais contre l'importance exagérée qui leur est donnée en général, importance qui me semble parfois rendre nos jugements aussi faux qu'injustes. Ce sont là, sans doute, des qualités où tout artiste doit tendre, mais qui, certes, ne sont pas les premières, ne couvrent pas les autres et, pour ma part, le sentiment du dessin me fait mieux passer sur son incorrection ou sa vulgarité que la noblesse et la correction ne me font passer sur l'absence de ce sentiment. Raphaël réunissait tout, et c'est le secret de sa grandeur; mais il n'y a qu'un Raphaël et au dessous de lui, les maîtres, comme dessinateurs, n'excellent guère que dans l'une ou dans l'autre de ces qualités; pour ceux-là, mon choix est fait dans le sens que je viens de dire. Longtemps gêné par les principes de l'Ecole, je n'osai seulement penser qu'il pût y avoir du dessin dans Téniers, dans Ostade, dans Rembrandt; ces préjugés me faisaient mentir à mon sens propre, lequel se portait avec amour du côté de ces maîtres. « Ragot, ignoble, pensais-je; ce bras trop long, ce raccourci manqué... » Aujourd'hui, persuadé que ce sont là des défauts secondaires, tandis que le sentiment du dessin est une qualité première, je me moque de l'Ecole[1], et je

1. Töpffer, artiste consciencieux et qui avait fait toutes ses études à l'Ecole, exagère ici volontairement sa théorie pour se mieux faire comprendre du lecteur, car il savait parfaitement que les enseignements dits de l'Ecole sont les seuls propres à préparer le véritable artiste, et que

trouve, oui, je trouve les Flamands dessinateurs. Professeur, bouchez-vous les oreilles : je trouve, quand j'y songe, ces figures ragotes de Téniers admirablement dessinées, non au compas que j'ai appliqué, mais à l'intelligence que j'y remarque. Je trouve ces têtes de Rembrandt étonnantes par la vérité, par la finesse, par la naïveté du dessin ; je trouve tels pâtres de Karl Dujardin sublimes et, dans mon ivresse, j'élève ce grand homme aussi haut, oui aussi haut que Raphaël. Ne me dites point que je suis fou avant d'avoir vu quelque chef-d'œuvre de ce maître.

Ainsi donc le dessin se peut apprendre jusqu'à un certain degré par tout homme intelligent. Tout homme intelligent peut arriver, par l'étude, au dessin académique qui enseigne les proportions de la figure, qui en donne le contour pur et correct, l'anatomie juste, en un mot, qui imite le type humain dans sa perfection raisonnée. Au delà il faut le talent propre, l'instinct natif, le sens délicat des formes qui se perfectionne par l'étude, qui s'épure par l'observation du beau, de l'antique, mais qui ne s'apprend ni ne s'enseigne. »

Ainsi qu'on vient de le voir, si le dessinateur peut arriver à rendre par le trait le caractère individuel de l'objet qu'il a sous les yeux, figure, nature morte ou paysage, on peut déjà dire que son dessin est coloré. Mais combien plus encore cette épithète pourra s'appliquer à son œuvre, si l'effet et le relief y sont rendus en une série de traits juxtaposés donnant déjà le caractère

jamais les bases solides d'un tel enseignement n'ont nui à son originalité, témoin Paul Baudry, Henri Regnault, Heuner et tant d'autres grands prix de Rome qui sont revenus assagis, fortifiés et en pleine possession de leur talent original.

individuel de la nature. Donc les qualités que devra principalement rechercher l'amateur sont celles qui ont trait au caractère individuel des objets représentés. Aussi ne doit-il pas craindre, au début, une certaine exagération de formes qui caractérisent un objet, ni de trop insister sur les accents particuliers qui distinguent cet objet des autres, d'aspect et de forme analogues. C'est là ce qui constitue le dessin pittoresque, coloré, le seul vraiment intéressant, le seul aussi, selon moi, qui soit abordable à tous. Car ici je me séparerais quelque peu de l'opinion que semble émettre Töppfer, si l'on n'en sentait pas bien le fond et la portée. Sans doute le dessin dit d'école, appris sur certains principes absolus et souvent trop généraux, est accessible à tous, mais le résultat de ces études, c'est-à-dire l'élévation du dessin jusqu'à la beauté dite idéale ou typique, n'appartient, au contraire, qu'aux natures excellemment douées, puisque, faute d'une perfection absolue, il laisse le spectateur indifférent, tandis que le rendu caractéristique d'une observation soutenue et fidèle de la nature nous intéressera toujours, quel que soit le degré d'habileté de la main qui nous le présente. Donc, en matière d'art, il ne faut jamais exagérer une théorie, quelle qu'elle soit : sans doute nous serons plus aisément charmés par le caractère d'un dessin, encore faut-il que ce caractère soit présenté dans des conditions rationnelles et normales qui ne le fassent pas taxer d'invraisemblance. Certes, les « magots de Téniers », comme les appelait le grand roi, peuvent paraître étranges dans leurs proportions, mais, à l'examen de détail, comme ils sont construits et comme on y sent un artiste à la fois observateur et savant ! Donc, dans vos dessins, quel que soit le caractère que vous vouliez faire ressortir, quelque accidenté qu'en puisse paraître la forme extérieure, n'en oubliez jamais la forme normale : une draperie recouvre-t-elle un bras, sentez bien, au moment où vous la dessinez, la construction et la forme de ce bras; même s'il est impossible de l'exprimer sur votre dessin, vous devez vous en rendre compte. Si vous faites un objet de nature morte quelconque, vous devez avoir présents à l'esprit : son aplomb, ses formes géométriques; c'est ainsi que, quel que soit le caractère particulier de l'objet que vous avez sous les yeux, et, si étrange qu'il puisse paraître au spectateur, vous arriverez à l'imposer, on pourrait presque dire à son admiration si le mot n'était pas si gros, parce que la forme, ou tout au moins ce qui en reste, sera bien

David Téniers. — Un fumeur.
(*Musée du Louvre.*)
Dessin de Jany-Robert.

équilibrée et de construction normale. Or, ces bases découlent de l'étude de la géométrie et de l'anatomie. Sans donc suivre rigoureusement les enseignements de l'Ecole qui sont fort complexes, je l'avoue, il est nécessaire d'en connaître au moins les éléments et les grandes lignes, si l'on veut être à même de donner au pittoresque son cachet de vérité.

David Téniers. — Un fumeur.
(*Musée du Louvre.*)
Dessin de Jany-Robert.

Je n'insisterai pas davantage, de crainte d'une trop longue digression, persuadé, d'ailleurs, qu'à mesure des progrès réalisés, la nécessité d'une correction de dessin et d'études plus approfondies s'imposeront à l'amateur, comme il arrive presque toujours, tant le besoin de faire mieux est dans notre nature, et nous pourrions citer des artistes, justement réputés aujourd'hui, qui n'avaient primitivement cherché dans l'étude du dessin qu'une simple distraction, un intelligent passe-temps.

CHAPITRE II

DES DIVERS PROCÉDÉS

CHAPITRE II

DES DIVERS PROCÉDÉS

CAS AUXQUELS ILS CONVIENNENT

Les crayons de mine de plomb, dont nous allons parler en détail au chapitre suivant, conviennent à tous les genres de dessin sans exception, depuis le croquis rapide et sans prétention, jusqu'au rendu le plus complet des formes les plus pures. Il suffit, pour s'en convaincre, de voir au Louvre les dessins d'Ingres qui passent, avec juste raison, pour les plus étonnants de l'école française. On y remarquera que le maître s'est rarement servi de crayon gras et noirs, mais qu'il a surtout employé le n° 3, ferme et dense, plutôt gris que noir.

Aussi arrive-t-il à une précision de forme due, hâtons-nous de le dire, à une science profonde du dessin, à une sûreté de main incomparable.

Nous n'engagerons pas l'amateur à suivre cet exemple, toutefois les crayons de mine de plomb n° 3 ont plusieurs avantages qui sont à signaler : 1° ils ne dépouillent pas, c'est-à-dire que l'album fermé, le dessin, si l'on n'a pas la précaution de le fixer, ne se porte pas sur le verso de la feuille d'en face ; 2° ils conviennent aux dessins qu'on veut rehausser de teintes d'aquarelles.

Les crayons n°s 1 et 2 brillent beaucoup et, de ce fait, font perdre quelque peu de l'intensité d'un dessin, dont on ne juge l'aspect général qu'en obliquant légèrement l'album qu'on a en mains. Malgré ces inconvénients, les crayons de mine de plomb sont les plus en usage et, sauf les cas spéciaux, sont encore les plus commodes, se trouvant partout, s'usant relativement peu, se tenant et se taillant avec facilité.

Les dessins exécutés à la mine de plomb doivent être rendus sans autre secours que le trait et les hachures ; toutefois, lorsqu'on y est devenu assez habile, on peut y faire des ciels au chiffon placé en poupée sur l'index, ou des fonds à l'estompe, sur lesquels on enlève les lumières à la gomme taillée en pointe en forme d'estompe, ou à la mie de pain. Nous avouons ne pas bien comprendre l'utilité de ce moyen, applicable tout au plus au crayon noir dont nous allons parler, mais qui appartient surtout au dessin au fusain. On doit, à la mine de plomb, se contenter du crayonnage, rendre l'esprit des valeurs, non les valeurs elles-mêmes, par le plus ou moins de force et de rapprochement du coup de crayon ; des traits fins et rapprochés donneront les plans de fonds, de larges traits distants exprimeront les premiers plans.

Les crayons noirs, de Conté ou de Hardmuth, permettent un dessin plus assis, plus complet que la mine de plomb, aussi les emploie-t-on beaucoup à l'atelier, mais il est nécessaire de les fixer par une légère vaporisation. Il faut apporter du soin dans leur emploi si l'on ne veut, avec la main, étendre du noir autour du trait, mais, à part cet inconvénient, ils s'appliquent à tous sujets, donnent un beau noir mat, ferme et soutenu. Les Conté n° 2 sont les meilleurs et les plus résistants ; les mines de Hardmuth remplissent aussi le même objet : employés sur papier lisse, ou à grain très léger, tous les crayons noirs ont l'avantage d'être fort bien reproduits par les procédés de gravure typographique. Pour les Hardmuth le n° 2 est, à notre avis, le meilleur. D'un beau noir velouté sous une forte pression qu'il supporte aisément, il donne un gris très fin lorsqu'on l'emploie avec légèreté. Ces mines ont, en outre, l'avantage de se tailler aisément, enfin d'être d'un prix modéré.

L'emploi de l'estompe que nous avons quelque peu répudié pour la mine de plomb est ici fort admissible, quoique le ton même du crayon noir soit un peu foncé, on arrive aisément à l'aspect charbonneux ; le mieux, si l'on veut rendre les valeurs et les plans, est d'allier le procédé du fusain à celui du crayon noir, et d'écraser à l'estompe, bien en valeur, tout ce qui est exécuté au fusain. Ces sortes de dessins ont un grand relief avec beaucoup de douceur dans les ciels et les plans éloignés. Quoi qu'il en soit, nous préférons à chaque genre laisser son caractère propre.

La Sanguine est un crayon tiré d'un minerai naturel formé d'une terre argileuse dans laquelle s'est incorporé de l'oxyde de fer. D'un ton de brun rouge clair, par conséquent très doux et moelleux, ce crayon convient à certains dessins, en particulier à ceux où le charme doit primer sur le caractère. Etant un peu gras, par suite de la présence de l'argile, il adhère mieux au papier que les crayons noirs et n'a pas besoin d'être fixé ; par là même il est difficile de l'effacer. Toutefois, si l'on a la précaution de faire une esquisse légère, la mie de pain peut avoir raison des faux traits. Les maîtres du XVIIIe siècle, qui s'efforçaient d'acquérir une grande habileté manuelle par une constante pratique du dessin, se sont beaucoup servis de la sanguine. Le Louvre en possède d'admirables de Watteau, de Greuze, de Chardin, de Pater et de Lancret. De nos jours, Ch. Chaplin et Jacquet ont fait de ravissantes Sanguines. Il ne faut pas croire cependant que les maîtres aimables seuls se soient servis de la Sanguine, et le Louvre possède égale ment des dessins de maîtres de la Renaissance italienne qui sont des œuvres sévères et de toute beauté.

Nous estimons que l'amateur ne doit pas hésiter à faire quelques essais en ce genre qui permet des dessins d'un très grand charme : si l'on n'est pas assez habile pour l'exécuter de premier jet, on doit faire une esquisse de trait au fusain de saule, très gris et très friable. Cette esquisse doit être assez fortement appuyée, puis on l'époussète au chiffon, de façon qu'il ne reste sur le

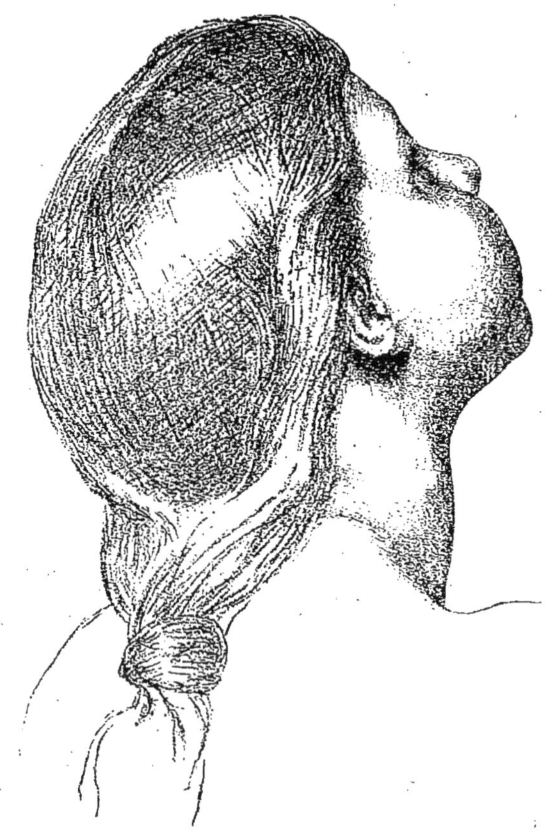

Sujet à traiter à la sanguine.
Extrait du *Cours* de Bargue et Gérôme (Boussod et Valadon, éditeurs).

papier qu'une légère trace grisâtre qui ne peut nuire au trait de Sanguine. On affirme ce trait avec énergie, puis on modèle les ombres par des hachures légères. On fera ainsi des têtes d'enfants et de jeunes filles de dimension au dessous de la nature, ce qu'on nomme petite nature ou demi-nature, des fleurs, de petits dessins d'album, paysage ou genre, mais on doit, à notre avis, éviter de rendre à la sanguine des sujets tristes ou de caractère, personnages en pleurs, châteaux en ruines, vallées sauvages, etc. On ne saurait trop le répéter, la Sanguine, comme le pastel, se prête surtout aux études ou sujets aimables et gracieux.

La plume. — Les dessins à la plume sont de deux sortes : la plume pittoresque ainsi que l'ont pratiquée Callot et Charlet, et la plume en manière de gravure. Ce dernier genre, inférieur au premier parce qu'il est trop minutieux, trop réglé, n'est propre, selon nous, qu'à la reproduction, à l'interprétation de l'œuvre d'autrui; mais, en ce cas, il faut y atteindre le plus d'habileté possible et y traduire une œuvre avec autant de patience que le graveur à l'eau forte et au burin, car, ainsi que la gravure, ce genre de dessin à la plume peut encore se subdiviser en ces deux manières très différentes l'une de l'autre. Mais ce n'est pas ici le lieu d'en parler, le dessin pittoresque étant notre seul objectif.

Les dessins à la plume ont le grand avantage d'être nerveux et précis, de bien exprimer la pensée du dessinateur, et, dût-on s'y tromper bien des fois avant d'arriver à de bons résultats, il ne faut pas craindre de s'y essayer durant les longues soirées d'hiver, car la plume est le procédé du soir par excellence à cause de sa précision même. Tous les dessins aux crayons exécutés le soir, à la lampe, sont plus ou moins modifiés dans leur

Exécuté à la plume Brandauwer n° 518.

aspect lorsqu'on les regarde le lendemain à la lumière du jour ; le dessin à la plume seul ne change en aucune façon.

Travaillez donc à la plume, le soir, soit d'après nature,

soit d'imagination, car ce genre ne se prête pas à la copie.

Toutes les plumes sont bonnes pour le dessin pittoresque. Le roseau du midi, la plume d'oie, les plumes de Blanzy, n°s 135 à écrire, et 57 et 321 à dessin, sont excellentes; la Humboldt serait parfaite, mais elle se

La plume libre. — Exécuté avec une 135 Blanzy.

fatigue vite. On peut enfin y employer la plume spéciale de Brandauwer, n° 518, et l'extra fine 558, mais cette dernière principalement si l'on veut exécuter de petits dessins soignés ou si, dans un paysage, on veut rendre les fonds par un travail fin et des hachures très rapprochées.

Le dessin à la plume, qui s'exécute d'ordinaire sur

papier lisse, peut également être traité sur papier lavis à grain léger; en ce cas, il reçoit parfaitement les rehauts de teintes plates ou modelées à la sépia et à l'encre de Chine, qu'on trouve aujourd'hui partout à l'état liquide toutes préparées en flacons. On obtient ainsi des dessins d'un effet précis et puissant.

Le fusain. — De tous les genres de dessin, le fusain est assurément celui qui rend le mieux la pensée du dessinateur et lui offre toutes les ressources de la peinture à l'huile, dans une gamme monochrome; non seulement on peut y exprimer la forme mais on peut y rendre le relief par les valeurs les plus délicates. Je ne m'y arrêterai pas, puisqu'il a fait l'objet d'un ouvrage spécial, *Le Fusain sans maître*, auquel je me contenterai de renvoyer le lecteur. J'ajouterai seulement que le fusain s'adresse à tous, aux mieux doués comme à ceux qui éprouvent, au dessin, le plus de

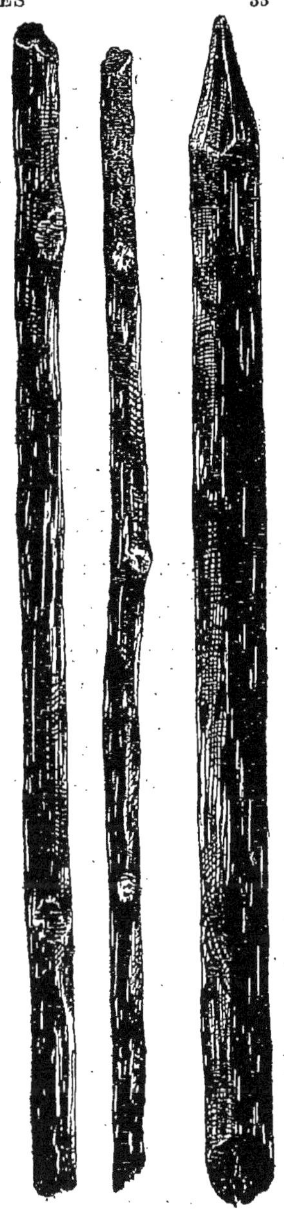

Fusains des artistes R. G. M.

difficultés dès le début ; les moyens y sont simples et les corrections faciles, d'autant plus que si, à force de travail, on est arrivé à fatiguer le papier, on est toujours à même d'affirmer le dessin final par quelques rehauts de crayon noir.

Les deux crayons. — Les pastels durs. — Il est un genre de dessin, autrefois très employé, qui consiste à se servir de deux crayons, le Conté noir et le crayon blanc : ce genre s'exécute sur papiers de couleurs bleus assez foncés ou jaunes et bruns ; en réalité, l'artiste dispose ainsi de trois couleurs : le ton du papier qui donne la demi-teinte générale, ce qu'on pourrait appeler, par assimilation à l'aquarelle, le ton local, le ton d'ombre qui est le crayon noir et le ton de lumière, rendu par le crayon blanc. On y procède exactement comme avec le crayon noir, mais, en plus, on affirme les lumières par des hachures de crayon blanc. Les meilleurs exemples à citer en ce genre sont les dessins originaux de Prudhon.

Le dessinateur peut encore user des crayons de toutes nuances enfermés dans du bois, ou de pastels durs dont l'emploi est exactement le même, mais ceci rentre dans le domaine de la peinture plus que dans celui du dessin ; c'est un genre mixte qu'il nous est bien difficile d'admettre. En effet, si l'on est coloriste, il vaut mieux s'essayer aux pastels tendres qui donnent une véritable peinture douce et pleine de charme ; si on ne l'est point, l'emploi de nombreux crayons de couleur ne peut donner qu'un travail sec et sans harmonie. En ce dernier cas, si l'on veut éviter le ton un peu triste du noir et blanc, le mieux est de recourir à la Sanguine ou aux teintes légères de l'aquarelle dite du dessinateur.

Rehauts colorés ou aquarelle du dessinateur. — L'aquarelle proprement dite est un genre très spécial auquel il faut consacrer bien du temps et bien des efforts avant d'y posséder toute l'habileté requise ; le nombre des artistes qui s'y sont fait une réputation est relativement fort restreint, et cependant il n'est pas un peintre, pas un dessinateur qui ne possède une boîte d'aquarelle et ne s'en soit servi pour compléter ses documents ; tous possèdent en cartons des dessins rehaussés de couleurs qui, pour n'être point des aquarelles, constituent déjà des œuvres très complètes. C'est qu'il y a une *aquarelle du dessinateur* très spéciale aussi et dont les procédés, beaucoup plus simples, diffèrent essentiellement de ceux de la véritable aquarelle, tout en y conduisant, pour ainsi dire, sans qu'on s'en aperçoive. Pour ce double motif il est donc très intéressant de s'en préoccuper.

L'aquarelle du dessinateur commence par le lavis, et nous avons dit à propos des dessins à la plume que la teinte graduée d'encre de Chine ou de sépia, accompagnée de rehauts de gouache pour les lumières, donne au dessin un relief, une puissance d'effet qu'on ne saurait obtenir avec le seul moyen de la plume ou du crayon, car le lavis, sépia ou encre de Chine servent aussi bien à rehausser l'un que l'autre. Il y a plus, s'habituant à manier de concert la teinte et le crayon, on arrive en atténuant peu à peu le tracé à voir par les valeurs seulement, on fait ainsi ce qu'on appelle *une sépia*, *une encre de Chine* où l'habileté du coup de pinceau se développe et prépare la main à la véritable aquarelle.

Pour exécuter ce genre, ce qu'il faut, avant tout, c'est une décision, une fermeté qui donne au rendu de la franchise d'aspect : raisonner d'abord et bien juger la valeur de la teinte à poser, l'essayer sur un papier palette et la poser franchement là où elle doit être. En maintenant le papier légèrement humide on ne doit avoir ni cernes ni bavochures. Si le dessin préalable est à la plume, il y a moins de craintes encore, le trait arrête la teinte, on peut donc passer celle-ci complètement à sec pourvu que chaque teinte soit exécutée d'un seul jet.

Le même procédé est employé pour l'aquarelle du dessinateur, mais la couleur diffère en même temps que les valeurs. Toutefois cette couleur ne doit être employée qu'en gammes simples et générales, donnant seulement le ton général et local des ombres et des lumières, sans préoccupation des finesses et des variétés de détail, n'ayant pour tout modelé que l'affirmation du dessin qu'elle recouvre. Avec ces seuls moyens, l'aquarelle du dessinateur, par sa simplicité même, par la franchise d'exécution, enfin et surtout par la composition harmonieuse des quelques teintes employées, peut

HIPPOLYTE LEFRANC

Bords du Chapeau-Roux (Lozère).
Encre de Chine.

parfaitement atteindre au charme et à la puissance. Avant l'introduction en France des procédés habiles des Italiens, Rico et Fortuny entre autres, nos aquarellistes n'ont presque pas autrement procédé ; le dix-huitième siècle même n'a pas connu d'autre genre d'aquarelle, et nous a laissé cependant des œuvres remarquables et fort recherchées.

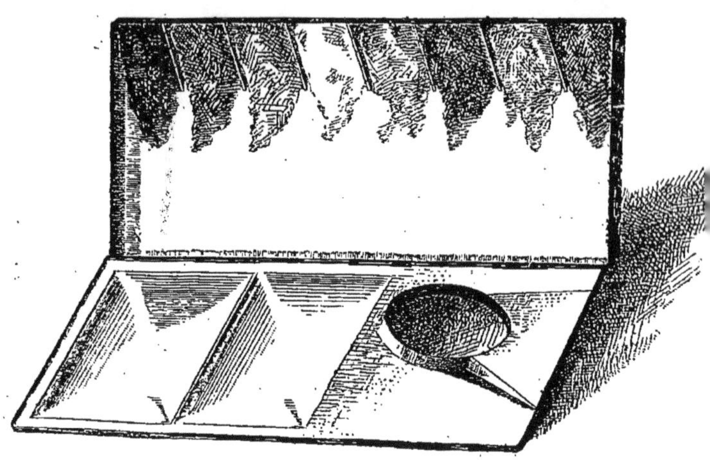

Palette du dessinateur.

Le matériel pour l'aquarelle du dessinateur doit être fort simple : huit couleurs suffisent, parce qu'à de très rares exceptions près tous les tons doivent être obtenus seulement avec des compositions binaires, c'est-à-dire par le mélange de deux couleurs : deux pinceaux, un gros et un moyen, une boîte à eau en tôle et son godet, et c'est tout. La palette se composera de :

Blanc d'argent,	Bleu minéral,
Vermillon,	Cobalt,
Jaune indien,	Laque carminée,
Terre de sienne brûlée,	Noir d'ivoire.

Le blanc est indispensable, car, dans ce genre d'aquarelle, le dessinateur ne doit pas avoir à se préoccuper des réserves de lumière qui se traitent en rehauts dont le blanc est toujours la base.

A l'aide de ces huit couleurs, le dessinateur, d'après nature, clignant les yeux pour ne voir que les masses d'ombre et de lumière, les grands plans tels que ceux du ciel, du terrain et des fonds, composera des teintes selon les bases du coloris.

Travaille-t-il au printemps, il aura pour le ton de lumière des verts frais, du bleu minéral et du jaune indien; pour le ciel, du cobalt pur; pour les fonds, du bleu minéral, du noir d'ivoire; pour le ton d'ombre, des verts, le ton de lumière additionné de terre de sienne brûlée.

En été, la teinte du ciel sera de bleu minéral et cobalt mêlés; le vert sera plus soutenu, c'est-à-dire qu'au lieu d'avoir plus de jaune que de bleu, ces deux bases seront en quantités à peu près égales, et leur ombre comportera plus de bleu minéral et une pointe de noir ou de laque. Les verts bleus des terrains seront de Cobalt et de jaune indien, les fonds seront additionnés de laque.

En automne il composera ses teintes d'une base de jaune et de sienne brûlée, et le noir d'ivoire lui donnera le ton d'ombre. C'est aussi la sienne brûlée qui donne la base des terrains. Une pointe de vermillon rend le ton plus agréable et plus chaud.

L'hiver, l'emploi des gris bleus et roux faits de bleu minéral, noir d'ivoire et laque est le plus fréquent. On y ajoute une pointe de jaune et de la terre de sienne brûlée pour les ombres chaudes et transparentes.

Telles sont les teintes les plus généralement employées ; il faut, je le répète, cligner les yeux et simplifier les tons de la nature ; chercher ainsi la couleur dominante de chaque plan, la composer sur la palette, l'essayer sur le papier palette, l'appliquer franchement sur le dessin et ne plus y revenir. La gouache diversement colorée sert aux rehauts de lumière sur les maisons et les détails de premier et second plan tels que barrière, pierres, charrettes, etc.

A ce travail est limitée l'aquarelle du dessinateur, mais il est encore très suffisant pour donner au dessin un aspect des plus intéressants.

CHAPITRE III

DU MATÉRIEL NÉCESSAIRE AU DESSINATEUR

CHAPITRE III

DU MATÉRIEL NÉCESSAIRE

AU DESSINATEUR

PREMIERS EXERCICES. — DESSIN DES OBJETS USUELS

Nous verrons à la fin de cet ouvrage ce qu'il faut entendre par les procédés divers, en étudiant les différents cas où il y a lieu de les employer. Pour le moment, notons ici le strict nécessaire pour commencer les éléments du dessin.

Les papiers. — En principe, tous les papiers sont bons pour les premiers essais; toutefois les deux espèces sont : pour le dessin à la règle, le papier blanc mécanique à grain fin; pour le dessin pittoresque, le papier Ingres à vergeures ou le papier mécanique à gros grain, ces deux sortes, accrochant à leur surface le crayon, font jouer le trait et lui retirent la sècheresse. Nous conseillons le papier gris clair, qui donne un ton de demi-teinte et sur lequel on peut obtenir des accents de lumière au crayon blanc. Lorsqu'on voudra rehausser un dessin terminé de quelques teintes de lavis ou d'aquarelle, l'album-bloc Robert's à grain fin donnera d'excellents résultats.

Les crayons. — Les crayons de mine de plomb sont les premiers dont il faut faire usage. Nos marques françaises de Gilbert et de Conté sont excellentes. Ils sont gradués de 0 à 4. Le n° 1 est gras, et dépouille beaucoup, si l'on n'a la précaution de le fixer; il sert à obtenir les grands noirs; on l'emploie peu. Le n° 2, gras également, est préférable; les 3 et 4 sont durs, le 4 n'est employé que pour les tracés à la règle qui demandent beaucoup de lignes entrecroisées ou juxtaposées, comme les épures de perspective ou les détails d'architecture. On a parfois conseillé de s'en servir pour les esquisses; je les crois au contraire nuisibles, car plus le crayon est dur, plus il est diffiicile d'effacer les faux traits, et l'on a vite fait de fatiguer ou de graisser le papier. Le n° 0 nous semble préférable en tous points pour le commençant, ni trop gras ni trop dur, il se taille bien, donne une pointe fine et des vigueurs suffisantes. Il n'est pas nécessaire, en effet, qu'un dessin présente des noirs d'encre (comme le n° 1) pour être un bon dessin, bien à l'effet; tout au contraire un dessin sera modelé finement et bien en valeur si les oppositions ne sont pas trop violentes, et si les noirs n'en sont pas *bouchés;* ceci à de rares exceptions près, qui constituent ce qu'on nomme *les effets voulus.* On se servira donc du n° 0 en ayant soin d'appuyer très peu pour l'esquisse afin que la *mie de pain* enlève aisément les faux traits sans qu'on soit obligé de trop frotter, ce qui fatigue et graisse le papier. Or, quel que soit le degré de perfection d'un dessin, il ne faut jamais qu'on y sente la fatigue. Cela est si vrai que presque tous les maîtres nous ont laissé des dessins où subsistent les faux traits, et même des corrections de mouvement. Disons donc de suite qu'il ne faut effacer qu'à la mie de pain rassie, presque jamais à la gomme élastique; ou tout au moins si l'on s'en sert, par exemple pour les dessins qui devront être repassés à l'encre et qui auront été tracés sur le papier spécial de Canson, n'employer que des gommes tendres et frotter aussi légèrement que possible l'épiderme du papier. Le crayon noir qui a remplacé la pierre d'Italie et qui porte aujourd'hui le nom de son inventeur, le crayon *Conté* est plus généralement adopté pour le dessin de figure où l'on atteint des vigueurs plus puissantes; en outre, son aspect mat donne plus de douceur au modelé. Dans nos écoles actuelles, il a été remplacé par les crayons de *Marquise*, pour l'exécution de l'ornement; ces derniers en effet donnent des effets plus gris, plus blonds que le crayon Conté, toujours un peu noir même si la main a été légère; en outre le crayon *Marquise* s'efface plus aisément, et sous l'estompe et le tortillon reste gris comme un beau fusain, tandis que le Conté a une légère tendance à rougir.

Le *fusain* est indispensable pour l'esquisse de la

tête, et son importance est capitale, car un mauvais fusain ne s'efface jamais complètement bien et laisse un trait rougeâtre fort désagréable. Nous avons nous-mêmes paré à cet inconvénient en faisant fabriquer pour notre marque R. G. M. une qualité spéciale pour les dessins de figure, qui se nomme le *bois noir naturel* et dans lequel l'amateur peut avoir une confiance absolue. Moelleux et doux, donnant au besoin de très grandes vigueurs, le *bois noir naturel* permettrait fort bien l'exécution finale de la figure; c'est dire qu'il est parfait pour l'esquisse et s'enlève aussi complètement que possible; l'élève eût-il par trop appuyé, il ne resterait après l'effaçage à la mie de pain qu'un léger trait gris clair à peine sensible. Tels sont les outils nécessaires pour le dessin à main levée, mais comme nous aurons une incursion à faire dans l'étude de la perspective à propos du paysage, il nous faut encore une *règle*, un *té*, une ou deux équerres, de préférence en gutta-percha durcie, une pochette de *compas,* un rapporteur, une planche à dessin du système breveté de Senée frères, afin de ne pas avoir l'ennui du collage des feuilles, enfin et surtout un *fil à plomb* en cuivre, fait d'une soie dite cordonnet et d'une masselotte de cuivre un peu lourde. Le fil à plomb est au dessin à main levée ce que l'équerre est au dessin linéaire, le maître ou plutôt le répétiteur sévère en l'absence de l'œil du maître. Lorsqu'on dessine d'après nature, ou d'après la bosse, soit la figure, soit le paysage, le fil à plomb intelligemment promené devant le sujet (nous dirons plus tard le tableau) est le guide le plus sûr des formes et de la perspective, car peu à peu, outre l'aplomb qu'il indique par sa nature même, il aide puissamment l'œil à suivre le raisonnement qui doit présider à l'exécution de tout dessin.

PREMIERS EXERCICES

On a beaucoup discuté, beaucoup cherché et transformé les méthodes de dessin en ces dernières années, rejetant bien loin les anciens usages de la copie du modèle gravé pour le débutant. C'est là, croyons-nous, une erreur profonde, en ce qui concerne le dessin à main levée, car on ne l'a pu faire pour l'étude des dessins au lavis et de l'architecture, où l'élève ne peut absolument se former le jugement et la main qu'en copiant fidèlement à la règle et au compas un modèle gravé. Pourquoi ne pas procéder de même lorsqu'il s'agit, surtout pour l'amateur, d'arriver à faire rapidement un croquis d'abord, et plus tard des dessins achevés. Il est très certain en effet que si le raisonnement joue un rôle prépondérant dans les arts du dessin, il faut encore que ce raisonnement soit servi par une main aussi habile que possible ; or, pour rendre cette main habile, tous les moyens sont bons, à commencer par la copie. Si donc vous n'avez jamais tenu un crayon, vous commencerez par quelques dessins à la règle et à l'équerre ; si vous avez quelque peu dessiné déjà, dans un temps si éloigné qu'il soit, copiez à main levée quelques dessins ou gravures, quelque étude peinte au besoin, avant d'aborder l'étude d'après les objets usuels, d'après la bosse, enfin d'après nature où votre raisonnement sera déjà si désorienté. Que sera-ce donc si en plus de ces deux difficultés, bien voir et bien comprendre ce que l'œil perçoit, vous n'avez pas à votre disposition une main quelque peu habile à rendre la chose vue et comprise.

Les cahiers élémentaires de la méthode Cassagne, les croquis à la minute d'Eugène Ciceri sont excellents à former la main, à lui donner, comme on dit, du coup de crayon; d'autant plus que les sujets étant petits ou restreints, si vous n'avez qu'une demi-heure de loisir à employer vous pouvez en faire un ou deux et les terminer complètement. Il est toujours difficile de continuer ou de reprendre un dessin inachevé, pour un commençant parce qu'il lui faut recommencer tous les raisonnements précédemment faits pour retrouver ses proportions et ses mesures. Il faut avant tout rendre les débuts faciles et leur assurer un résultat agréable, c'est ce qui pousse à la persévérance; et nous avons toujours fait commencer nos élèves par la copie, les autorisant même, dans les premières séances, à s'entourer de toutes les facilités, mesures, règles, compas, équerres, etc., afin d'assurer le succès, sauf à répéter un peu plus tard ces mêmes exercices, cette fois sans autre secours que l'œil et le raisonnement.

Dessin des objets usuels. — Grès de Chine.

Après la copie, vient l'étude des objets représentés par des moulages, ce qu'on appelle dessiner d'après la bosse, qui donnent le relief des objets dans leur forme, leur valeur, leur perspective. Pour les objets usuels, on les traite directement d'après nature; pour l'ornement, on commencera par des modèles simples. Ici encore deux méthodes sont en présence : faut-il commencer par l'étude de la perspective des objets, ou les dessiner à main levée sur la simple observation des proportions relatives et du rapport des hauteurs et des largeurs. Au point de vue didactique, M. Morel, de Rouen, dans la *Revue pratique de l'Enseignement des Beaux-Arts*, résout excellemment la question en donnant simultanément la perspective raisonnée des objets et leur dessin à main levée, dans son cours du dessin raisonné et de la perspective d'observation; mais nous nous adressons à l'amateur et pensons qu'il doit en premier lieu s'exercer l'œil et la main, avant de commencer les études de perspective, assez arides au début, nous le reconnaissons, et pour lesquelles il est nécessaire d'avoir déjà quelque expérience du dessin afin que la perspective demeure l'unique préoccupation à ce moment. C'est pourquoi nous ferons ici une distinction, préférant donner séparément quelques études fondamentales de la perspective[1], principalement en vue du paysage, et commencer par quelques conseils

1. *Les Éléments de la perspective pratique*, Paris, H. Laurens, éditeur. Prix : 1 fr. 50.

d'observations pour le croquis ou le dessin à main levée sur les objets usuels, afin d'habituer l'œil à bien voir et la main à bien rendre, car notre but, nous le répétons, est de distraire l'amateur en l'instruisant, et, par conséquent, nous ne devons lui parler géométrie et perspective que lorsque nous supposons que le besoin s'en fait absolument sentir pour lui et qu'il est à même d'y trouver un véritable intérêt.

Exécution des objets usuels. — Pour les premiers dessins d'objets usuels, nous nous passerons complètement du secours de la perspective, et devrons uniquement nous contenter, comme guide, de l'observation de la direction des lignes par rapport à la ligne verticale que nous avons toujours à notre disposition à l'aide du fil à plomb, et de l'horizontale que nous donne le crayon étendu au bout du bras, dans ce même sens, en suivant la ligne des yeux. Prenons un objet simple, soit une lampe : nous commencerons par tracer légèrement au crayon n° 3 la verticale A passant par le milieu de la lampe, puis, mesurant la hauteur du corps ou réservoir de cette lampe par rapport à la hauteur totale AB, nous déterminerons le point C, puis tenant toujours le crayon tendu horizontalement au bout du bras bien tendu, nous mesurons, en allongeant bien le pouce sur le crayon, la largeur de la lampe selon son rapport avec la hauteur, ce que nous vérifions en replaçant le crayon verticalement, nous avons ainsi les points D et E; nous abaissons deux perpendiculaires et

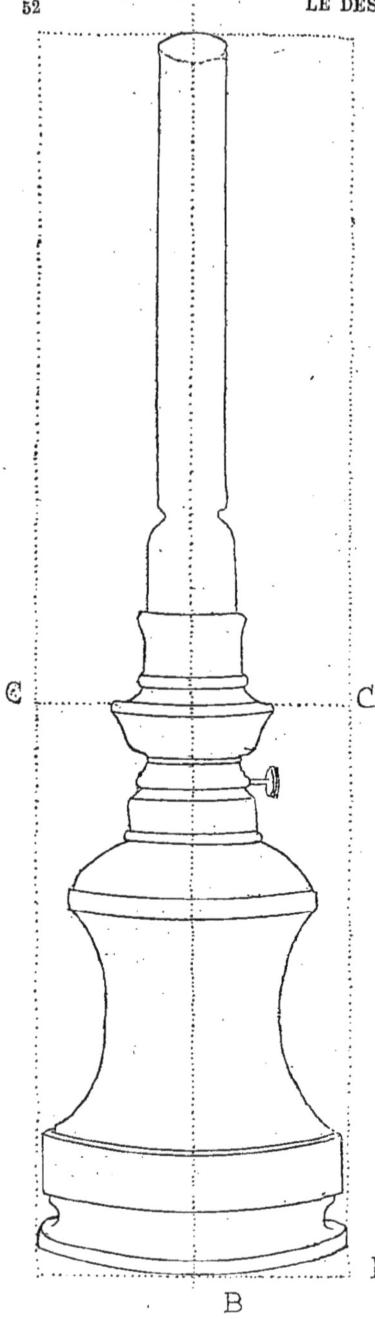

nous avons ainsi le rectangle enveloppant notre lampe. Le détail des moulures ou ornements doit être dessiné à main levée, sans autre mesure. C'est-à-dire que nous nous disons : la moulure du bas est à peu près au sixième du corps entier, nous l'indiquons ainsi : le bouton du monte-mèche tombe à peu près au sixième du corps de lampe, nous y plaçons un point, puis ayant à nouveau regardé si cela nous semble juste, nous crayonnons hardiment, je dis hardiment, quoique l'emploi de la gomme soit parfaitement admis; mais il vaut toujours mieux réfléchir mûrement ses distances, largeurs et hauteurs, avant de les exprimer, que d'avoir recours aux corrections. Cela est si vrai que certains maîtres obligent leurs élèves à se servir de crayons gras qui ne s'effacent pas ; l'élève est donc forcé de concentrer toute son attention sur le modèle qu'il veut rendre pour obtenir un dessin juste et sans faux traits. Cela nous semble cependant un peu rigoureux pour de simples amateurs auxquels il nous paraît nécessaire de laisser quelques ressources de correction, sauf à les engager à y recourir le moins possible. Je ne multiplierai pas les observations au sujet des objets usuels, devant m'arrêter plus longuement au paysage. Aussi bien la méthode est la même pour tous les objets : s'agit-il d'un objet carré posé sur une table, boîte, coffret, etc., voyez bien dans quelle direction fuient les parallèles avant de les tracer sur votre papier, et remarquez bien

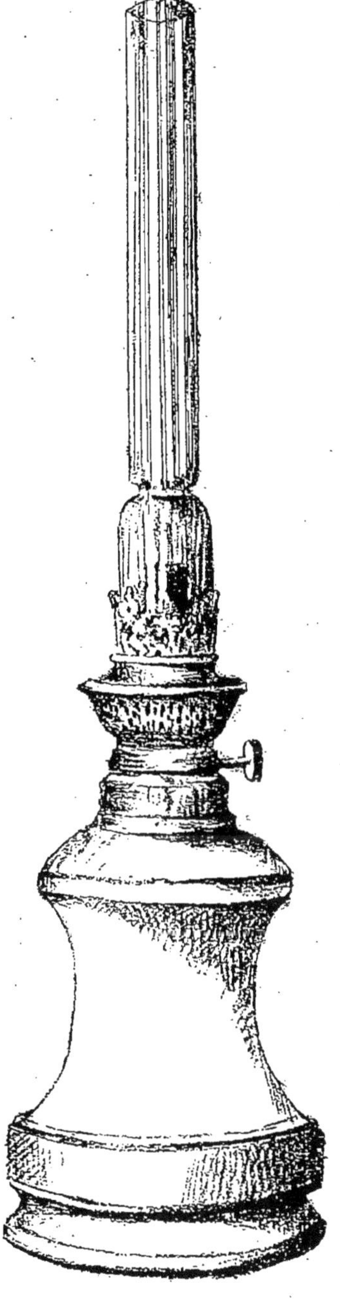

que celles qui sont parallèles horizontales, telles que les lignes A et B seront toujours parallèles entre elles tout en diminuant de largeur à mesure qu'elles s'éloignent, tandis que les autres côtés C D, fuyant vers un point quelconque, ne doivent pas être traduites par des lignes parallèles; ce sont là des observations perspectives que notre comparaison des hauteurs et des largeurs doit nous aider à rendre dans le dessin pittoresque. Enfin pour ces directions fuyantes, qui, je l'avoue, présentent toujours une certaine difficulté pour le débutant, faites d'abord un petit croquis d'ensemble que vous corrigerez ensuite par cette méthode d'observation, puis lorsque ce croquis vous satisfait entièrement procédez au dessin définitif avec le plus d'assurance possible.

CHAPITRE IV

ÉTUDE DE L'ORNEMENT

CHAPITRE IV

ÉTUDE DE L'ORNEMENT

ÉTUDE DE LA FLEUR ET DES FRUITS. — LA NATURE MORTE

Je ne parlerai pas du modèle gravé qui rentre dans les premiers exercices, tout à fait nécessaires, ai-je dit, mais dont l'étude ne présente pas de difficulté sérieuse puisque c'est la copie stricte de la reproduction fidèle d'un dessin original dont l'exécution et la facture se lisent aisément. Si l'on éprouve quelque difficulté, au début, il suffit de diviser le modèle par une verticale et une horizontale passant au milieu du sujet, de faire de même sur son papier, après s'être assuré des dimensions extérieures, et nul doute ensuite qu'on s'en tire convenablement : c'est une question de volonté et d'assiduité.

Tout autre est le dessin d'après le plâtre, et c'est presque toujours par l'ornement qu'on commence, parce que l'*expression*, notez bien qu'il y en a toujours une, est moins difficile à rendre que dans la figure. Pour les premiers essais, nous vous engageons à vous procurer les plâtres exécutés dans le cours de Lièvre[1], et à les dessiner absolument dans la même position et avec le même effet. D'abord, l'ayant fait d'après l'estampe, la mise en place et l'esquisse vous seront plus faciles, et vous aurez un contrôle qu'il faut bien vous garder d'avoir constamment sous les yeux, mais que vous pourrez consulter cependant autant qu'il sera nécessaire. Puis vous ferez le même ornement différemment éclairé : votre modèle gravé ne vous servira plus alors pour l'effet, mais si vous avez quelque faute de dessin, elle vous apparaîtra sûrement à la comparaison. A ce propos, il faut vous rappeler que moins on est habile, moins il faut travailler longuement sur un dessin ; vous ne verrez une faute que si vous reposez votre œil quelques instants loin du modèle et de votre travail. Au début il faut le reposer presque toutes les dix minutes, plus tard vous pourrez tenir un dessin sans arrêt une demi-heure, une heure même, jusqu'à ce que l'œil, devenant très exercé, contrôle à mesure chaque trait indiqué, sans laisser aucune erreur, mais cela ne vient que lentement, et Corot, jusqu'à la fin de sa vie, se reposait très fréquemment pour chercher toutes les finesses de forme aussi bien que d'effet.

1. Paris, Boussod et Valadon, éditeurs.

PLACEMENT, ÉCLAIRAGE DU MODÈLE

La place naturelle du modèle gravé est à la gauche du chevalet du dessinateur, mais un modèle en plâtre ainsi placé subirait des déformations qu'il faut éviter. En ce cas, le plâtre doit être placé de front et verticalement un peu plus haut que la ligne des yeux, voilà la seule position normale. Le chevalet et le modèle ne peuvent donc être dans le même plan, et si difficile, si malaisé que cela puisse paraître, le mieux serait que le plan du modèle et celui du chevalet où est placé le dessin qu'on exécute formassent un angle droit ; il est très certain que cette position oblige à des mouvements de tête assez prononcés qui peuvent fatiguer rapidement, ce serait toutefois la position vraiment bonne. Hâtons-nous d'ajouter qu'en plaçant le chevalet obliquement, à peu près à la moitié de cette normale, on aura encore une position très satisfaisante et des déformations presque insensibles. Enfin, le modèle en plâtre doit être placé un peu au dessus de la ligne des yeux, éclairé de haut en bas. La position adoptée dans la plupart de nos écoles est préférable encore : elle consiste à supprimer le chevalet et à le remplacer par un support qui soutient le haut du carton à dessin, le bas portant sur les genoux, et le modèle est placé au dessus et à bonne distance ; de cette façon, l'élève, d'un seul coup d'œil, embrasse et le modèle et le dessin qu'il fait.

Enfin, une chose qui facilite beaucoup le dessin d'après le plâtre est de placer derrière le modèle une feuille de papier blanc ou de la couleur de celle sur laquelle on travaille. On se rend ainsi mieux compte des valeurs le fond étant le même pour le modèle que pour la reproduction qu'on en fait. Différents exercices suivront sur un même plâtre, et l'on aura profit également à surélever le modèle, de façon à s'habituer à dessiner l'ornement dans l'architecture où presque toujours, en croquis pittoresque, on est placé sur un plan très inférieur au sujet et dans lequel ombres et lumières se trouvent interverties. Mais, pour arriver à bien rendre ces effets où le dessin même de l'ornement se perd en déformations perspectives, il est nécessaire d'avoir une certaine pratique de l'ornement étudié dans la position normale que donne seul le placement que nous venons d'indiquer.

LEÇON PRATIQUE

Tout dessin d'ornement doit être esquissé par le tracé géométrique dans lequel il s'inscrit. En effet, à la simple inspection d'un dessin d'ornement, quel qu'il soit, l'œil du spectateur l'inscrit de lui-même dans un certain nombre de lignes formant soit des angles, soit des courbes, d'où il résulte qu'en traçant sur le papier une série d'angles ou un polygone, de courbes ou un cercle, proportionnés au modèle, on est toujours sûr d'arriver à la forme. Visiblement, dans la figure de ce fragment tiré de Notre-Dame de Paris, la feuille est inscrite dans un polygone irrégulier, mais dont les côtés sont égaux deux à deux ; en effet, AB est égal à AC et BD est égal à CE. On construit donc cette figure de la dimension extérieure qu'on veut donner à son dessin,

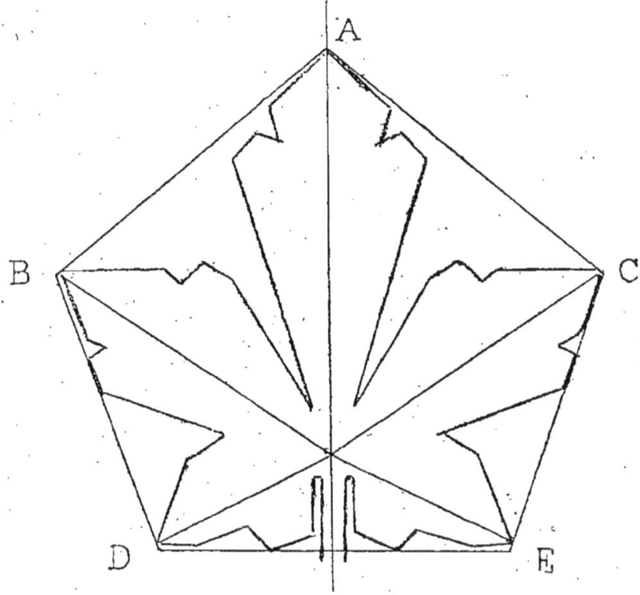

puis on trace des lignes droites partant d'un point qui détermine le centre de la feuille et qui joint chaque angle de la figure géométrique, donnant ainsi la nervure et la direction de chaque partie de la feuille. D'après la bosse, ce point se détermine en mesurant le rapport qu'il y a de ce point à la base et au sommet du dessin par le moyen que nous avons indiqué, du crayon tenu verticalement à bout de bras. Le travail se trouve ainsi facilité, puisqu'il suffit pour dessiner les contours, de se rendre compte des distances qui séparent chacun des points extrêmes des formes accessoires du tracé géométrique.

Dans la figure p. 64, patère style grec, l'inscription se

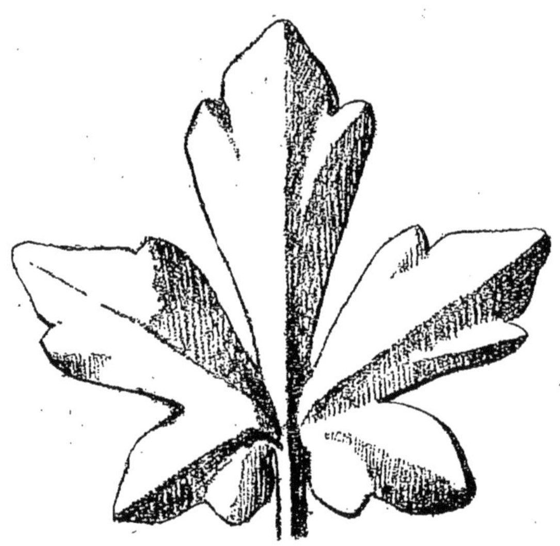

fait dans trois cercles, 1, 2, 3. On trace le diamètre AB, puis un autre CD, perpendiculaire au premier, ce qui se fait à l'aide d'une petite bande de papier pliée de la façon suivante : on prend du point B sur le diamètre une distance plus grande que la moitié du diamètre, mais moins grande que sa longueur totale, on fait glisser le papier en le maintenant fixe au point B. Il décrit ainsi une courbe qui part du point pris sur le diamètre et à partir du cercle extérieur de l'ornement; on suit avec le crayon la courbe tracée par le bord extrême du papier, on reproduit cette opération en haut et en bas On a ainsi un premier arc de cercle, en haut et en bas, extérieur à la première circonférence. On répète l'opération en partant du point A, avec la *même longueur* du papier, et l'on a ainsi deux autres arcs de cercle coupant les premiers aux points C'D'. On joint ces deux points par une droite qui nécessairement passe par le centre, et l'on a ainsi le diamètre CD perpendiculaire au diamètre AB.

Comme le dessin présente huit feuilles égales, il faut partager chacune des quatre divisions premières en deux parties égales, ce qui s'obtient par le même moyen. Cette opération d'ailleurs, bien qu'un peu longue à expliquer, est très rapidement faite, surtout à main levée. On a donc ainsi tous les points déterminant les lignes de séparation des grandes feuilles. Dans les petites feuilles, on remarquera que les séparations se trouvent au milieu des grandes; par conséquent, pour avoir les divisions, on répètera l'opération faite précédemment en ayant soin de placer son premier diamètre bien au milieu d'une des premières feuilles.

Pour dessiner les ombres, il y a deux manières de procéder : le modelé par plans et le dessin à l'effet. Pour le premier, en clignant fortement des yeux, on se rend compte des deux plans, ombre et lumière; on trace une ligne de séparation, puis, à l'aide de hachures dans le sens de la forme, on couvre complètement la partie ombrée. Pour affirmer plus encore les plans, on force certaines vigueurs par de nouvelles hachures plus prononcées d'épaisseur et de couleur.

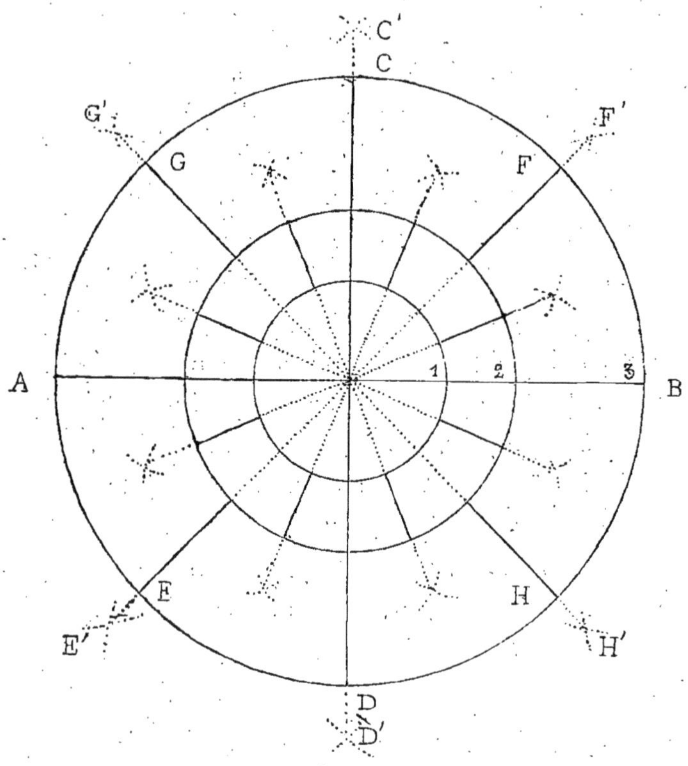

Pour le dessin à l'effet, on détermine par un trait léger trois plans distincts : l'ombre, la demi-teinte, la lumière. On contourne extérieurement d'un trait les ombres vigoureuses qu'on masse avec intensité de noir, puis on limite la demi-teinte que l'on colore légèrement dans la valeur voulue, en dégradant un peu la teinte de façon à ce qu'elle se combine avec l'ombre sans cependant se confondre avec elle au point de perdre la différence des plans. Inversement, on adoucit cette

demi-teinte du côté de la lumière qui se trouve ainsi réservée et dessinée par le ton du papier lui-même.

Voici matériellement comment on doit procéder pour l'exécution du dessin d'ornement, mais en se tenant à la lettre de ce que nous venons de dire, en ne voyant que les formes géométriques, on ne produirait la plupart du temps que des dessins froids et sans expression.

C'est au sentiment de l'artiste qu'il faut recourir pour obvier à ce défaut ; ici, la théorie est difficile à établir puisque le sentiment dépend de chacun de nous, néanmoins on peut développer en soi cette vision artistique par l'observation. C'est en clignant les yeux fréquemment, donnant ainsi de l'air et de l'espace aux ornements regardés, qu'on arrive à fondre les plans et à détacher de l'ensemble une harmonie de forme qui rend le travail agréable et personnel. C'est pour ce motif que les oppositions violentes ont été écartées dans l'enseignement moderne. Il faut donc s'exercer dans les dessins d'ornements à un travail doux et moelleux sans cependant perdre de vue la forme nette et précise. Nous avons préconisé les crayons de Marquise parce qu'ils sont gris et aident beaucoup le dessinateur à atteindre le but désiré.

LA FLEUR, LES FRUITS, LA NATURE MORTE

Au point de vue dessin, l'étude de l'ornement conduit à celle de la fleur, et cela est fort logique. La plupart des compositions ornementales, en effet, s'appuient sur l'étude des fleurs, des feuilles et des fruits. Dans la décoration architecturale, c'est presque toujours la feuille qui fournit le modèle des frises ornementées ; dans la peinture, ce sont les fleurs et les fruits. Dans le but que nous nous proposons, c'est-à-dire l'application des études de dessin, il est donc naturel de faire suivre l'étude de l'ornement de celle de la fleur.

L'étude des fleurs ne peut se faire utilement que d'après nature, aussi nous semble-t-il presque impossible de donner ici des conseils pratiques, puisque la forme et l'effet dépendent absolument du modèle qu'on adoptera. Cependant il est des principes généraux, une marche à suivre qu'il faut observer dans l'ordre des études qu'on se propose, si l'on veut tirer parti des études d'après nature pour les travaux d'art et d'agrément. Il est à peine utile, n'est-ce pas, de rappeler ici que pour arriver à bien dessiner la fleur, la première condition est de l'aimer profondément. Le peintre de

Pavots et Digitales. — Croquis par Rivoire.

fleurs, l'ornemaniste qui veulent composer doivent connaître à fond la construction anatomique de la fleur, l'étudier individuellement en de nombreux dessins à la plume, précis parfois jusqu'à la sècheresse, mais dont la précision même familiarise absolument avec les formes générales des genres et des espèces. Feuilles, tiges et attaches, tout cela doit être minutieusement étudié dans sa forme et dans sa souplesse.

Comme dans l'ornement, la fleur peut être inscrite presque toujours dans une forme géométrique extérieure, c'est la meilleure manière d'en indiquer l'esquisse et nous verrons tout à l'heure qu'on y revient encore pour les compositions dont elle est la base. Mais sitôt la forme générale d'une fleur indiquée, la chose dont il faut le plus se préoccuper est de lui donner toute sa souplesse. Les maîtres des XVIIe et XVIIIe siècles n'ont été impressionnés que par la correction du dessin où ils ont excellé sans doute, mais souvent aussi au détriment du charme qu'on est en droit d'exiger de la peinture des fleurs. De nos jours, on est moins sévère pour la précision du dessin ou, du moins, on en a transformé l'esprit ; on demande à l'artiste ou bien de l'exprimer par l'essence même et la simplification des formes comme dans l'art décoratif, ou par le charme intime comme dans les tableaux de chevalet, où c'est plutôt l'inflexion du pétale, la mollesse et le velouté d'une corolle qu'on apprécie, que le contour rectiligne d'un dessin arrêté, froid comme le dessin d'ornement dont nous parlions tout à l'heure.

Lors donc qu'on aura étudié la fleur dans son individualité, il faut s'exercer à quelques compositions simples; ceci confine au tableau de nature morte. Et puisque le dessin n'est pour l'amateur qu'un achemimement, une préparation à la peinture, soit à l'aqua-

Le Pot-au-feu.
Composition et dessin de Jany-Robert.

relle, soit à l'huile, il faut bien que nous disions aussi quelques mots des fruits et de la nature morte, qui se touchent quant aux procédés d'exécution, attendu que si la fleur vit et respire, si elle passe et meurt rapidement, les fruits, comme les objets de nature morte, posent devant le dessinateur tout le temps nécessaire et ne valent dans leur représentation que par la fermeté du dessin, le brillant de la couleur. La pêche, le raisin, les prunes ont bien aussi certaine fleur qui les revêt, au charme passager, mais cela est du domaine de la peinture, le dessin ne saurait les exprimer ou les rendre. Aussi, les dessins de fruits et de nature morte peuvent et doivent être étudiés de préférence au fusain qui donne plus d'effet et de relief que tous les autres genres de dessin, alors que les fleurs peuvent, outre la plume, être interprétées à la sanguine dont la douceur de ton aide à rendre le charme et la ténuité.

L'étude de la nature morte doit suivre celle des objets usuels et de l'ornement ; elle est indispensable à l'amateur qui veut acquérir de la sûreté de main. C'est, pour ainsi dire, l'étude de second degré, transitoire entre les éléments du dessin et la nature animée d'effet ou de mouvement, telle que le paysage, les fleurs, les animaux et la figure.

Je n'insisterai donc pas sur la nécessité de commencer par des objets de formes simples, puisque nous en avons parlé dès le début, au chapitre du dessin des objets usuels, dont l'art dit de *la nature morte* n'est que l'application en des compositions intimes ou décoratives.

Mais il faut, dès le début, s'habituer à grouper avec goût, à installer, comme on dit, une nature morte, fût-elle composée de deux ou trois objets seulement. Quand je vous dis deux, je néglige le principe des nombres impairs, lequel veut que les groupements d'objets composant une nature morte marchent toujours par 3, 5, 7, etc. Il en va de même un peu pour tout d'ailleurs, et il est très certain que deux arbres juxtaposés et isolés dans un paysage ne font pas bien, que deux portraits en une même toile sont extrêmement difficiles à rendre avec intérêt, bien que de nombreuses exceptions viennent confirmer cette règle, voire même certaines natures mortes de Chardin, le plus précieux maître du genre.

Donc, lorsque nous disons qu'on peut commencer la nature morte par un groupe de deux objets, nous entendons, par exemple, un vase et son plateau, une potiche devant un tapis d'Orient qui lui sert de fond, et autres sujets analogues qui, en réalité, ne sont composés que d'un objet, formé lui-même de deux pièces, ou un objet placé devant un fond assez rapproché de lui pour que les détails de ce fond soient eux-mêmes d'une exécution intéressante, sans toutefois qu'il puisse lutter de valeur avec cet objet.

Dans une composition plus complète, on observera surtout qu'aucun détail ne fasse saillie juste au milieu, mais soit à droite, soit à gauche, et que ceux qui viennent se grouper autour aillent en dégradation de hauteur, sans cependant que la forme géométrique de cette composition dite *pyramidale* se voie par trop, ce qui serait désagréable à l'œil, et, pour cela, il suffit de rompre par places avec un objet saillant. Du côté le moins occupé d'une composition de cette nature, placer toujours un objet de petite dimension, mais assez volumineux cependant pour qu'il serve de soutien à la composition.

Tels sont les principes généraux du goût dans l'arrangement des natures mortes, mais nous devons ajouter encore qu'ils ne suffisent pas à rendre une composition intéressante, et particulièrement en dessin où l'on doit se contenter de l'aspect obtenu par les seules oppositions de la lumière et de l'ombre. Il faut encore que la nature morte soit composée d'objets homogènes ou qu'un sujet piquant donne à l'ensemble une signification qui parle à l'esprit en même temps qu'aux yeux.

Je le répète, le dessin des natures mortes n'est fructueux qu'au point de vue de l'étude, et si, dans la peinture ou l'aquarelle, une harmonie de couleur, une exécution pleine de maîtrise et de personnalité suffisent souvent à intéresser le spectateur, on retombe en dessin sur les seules ressources du rendu de la forme et de l'effet.

C'est donc l'un et l'autre qu'il faut approfondir : la forme, avec la plus scrupuleuse conscience ; l'effet, avec une recherche patiente. La forme est immuable, si l'on excepte cependant les parties qui peuvent être atténuées par suite du jeu des ombres qui parfois absorbent les contours au point qu'ils disparaissent d'un côté presque complètement ; mais que de variétés dans les effets et aussi que de stabilité, une fois le sujet adopté. Quelle que soit votre installation, vous pouvez varier l'effet d'une nature morte avec un jeu de stores ou d'écrans faits avec des planches, des cartons, de simples feuilles de papier, et c'est un modèle fixe que vous avez pour toute la journée.

Il ne nous reste rien à ajouter au point de vue pratique. Ce qu'il faut surtout si l'on veut pousser un peu loin en ce genre l'étude du dessin, c'est s'inspirer des maîtres tant anciens que modernes. Voyez les Hollandais, voyez les œuvres de Chardin et plus près de nous celles de Bergeret, de Monginot, de Vollon, si vous voulez bien vous pénétrer de la manière dont se compose une nature morte.

CHAPITRE V

APPLICATION DES FLEURS ET DE L'ORNEMENT

CHAPITRE V

APPLICATION DES FLEURS

ET DE L'ORNEMENT

COMPOSITIONS SIMPLES POUR LES TRAVAUX DE FANTAISIE

L'étude de l'ornement n'a pas, comme celle de la fleur, un charme personnel, et l'intérêt de ce genre de dessin est surtout dans les applications qu'on peut en faire. La fleur elle-même, considérée seulement au point de vue dessin, est d'une étude assez aride, car son attrait réside surtout dans la variété de ses couleurs. Mais, réunis, l'ornement et la fleur donnent des compositions qui peuvent s'adapter à une foule de travaux d'art et d'agrément, tels que les peintures sur étoffes, les imitations de tapisseries, les sachets, soutaches et broderies, les travaux d'enluminure moderne, etc. Il est donc utile de chercher à se rendre compte de la manière de composer ces divers motifs d'ornementation qui rentrent dans ce qu'on appelle l'*art décoratif*.

On appelle *art décoratif* tout art qui, s'appuyant sur

COURS DE COMPOSITION D'ORNEMENT

Par Edme COUTY.

Etude d'après nature.
Feuille de marguerite.

Application des études.
Premier état.

Etudes d'après nature.
Fleurs de marguerite.

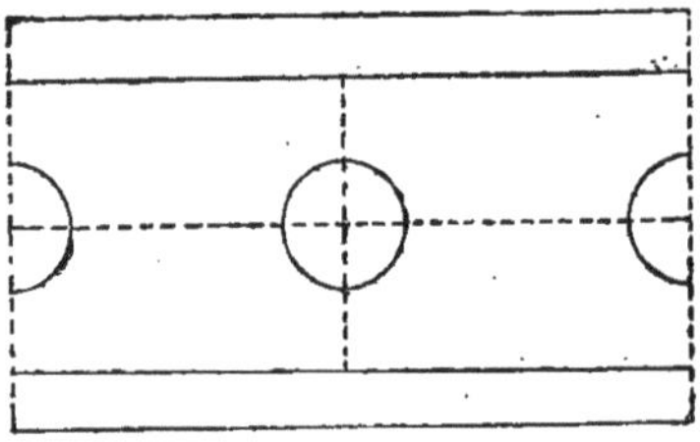

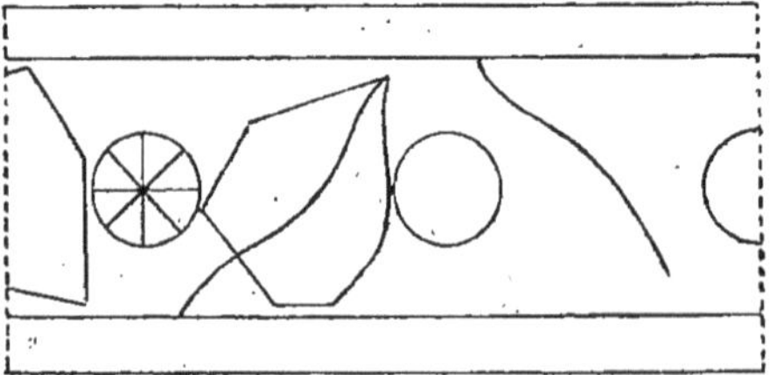

Application des études.
Deuxième état.

Application des études.
Troisième état.

COURS DE COMPOSITION D'ORNEMENT

Par Edme COUTY.

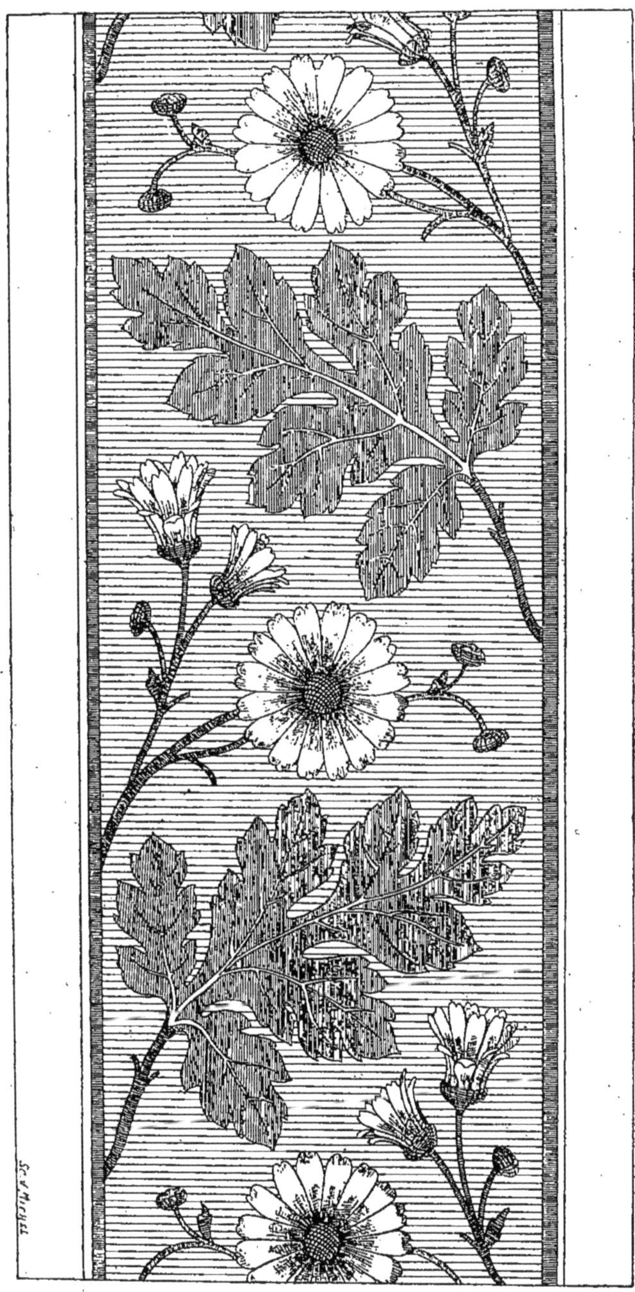

Etat définitif. — Bordure courante (étoffe).

des éléments naturels, en simplifie la forme et la couleur, de façon à présenter à l'esprit l'aspect général de ces éléments, abstraction faite de leur intimité. Le lecteur va comprendre aisément cette définition. Si je considère une fleur peinte à l'aquarelle, sur le papier, j'en examine avec soin tous les détails, l'inflexion de chacun des pétales m'intéresse, je serai charmé d'y rencontrer, bien rendue, la goutte de rosée matinale. Si c'est un bouquet qu'on me présente, je me recule instinctivement, j'en regarde l'ensemble et l'arrangement, mes yeux ne s'arrêtent plus au détail. Jamais je n'aurai l'idée d'exiger du peintre la même préciosité d'exécution. Dans l'art décoratif, le but est plus large encore, à quelque branche qu'il se rattache, architecture, peinture, tentures ou mobilier; il faut que l'œil soit charmé et reposé tout à la fois, soit parce que nous passons devant les décorations, ou bien parce qu'elles sont adaptées à des objets d'usage familier et quotidien. C'est bien à tort qu'on a confondu ces deux mots : art industriel et art décoratif, lesquels n'ont aucun rapport entre eux. L'art industriel peut être de l'art le plus pur et le plus merveilleux d'exécution et n'avoir rien de décoratif. Je n'en veux pour preuve que le style Louis XVI, d'une finesse, d'une préciosité, d'une science d'arrangement extraordinaires et qui n'a rien de décoratif, alors que le style Louis XIII, par exemple, beaucoup plus simple dans ses moyens, est essentiellement décoratif. Donc il y a deux manières bien distinctes d'orner un objet, partant deux genres de compositions : on peut formuler ce principe que plus un objet est de petite dimension, plus la composition peut et doit être précieuse et rendre fidèlement les objets naturels. Il faut donc composer le dessin d'un sachet autrement que celui d'une bande de tapisserie, et tel motif qu'on adoptera pour un écran à la main ne saurait entrer dans la composition d'un paravent sans avoir subi des modifications profondes.

Toutefois, si l'exécution diffère, il y a dans l'ordonnance des compositions artistiques certaines lois communes et applicables à toutes, lois que Charles Blanc a définies et que nous devons rappeler ici.

De même[1], *dit-il, que les vingt-cinq lettres de l'alphabet ont suffi et suffiront à former les mots nécessaires pour exprimer toutes les pensées humaines, de même il a suffi et il suffira de quelques éléments susceptibles de se combiner entre eux pour créer des ornements dont la variété peut se multiplier à l'infini. Et en effet les motifs sans nombre que les hommes ont inventés jusqu'à ce jour, et ceux qu'ils inventeront encore pour orner leurs personnes, leurs demeures ou leurs temples sont engendrés par l'application de l'un des cinq principes que nous allons énoncer :* la répétition, l'alternance, la symétrie, la progression et la confusion.

Telles sont les sources premières auxquelles on peut

1. Ch. Blanc, *Grammaire des arts décoratifs*, p. III, H. Laurens, éditeur à Paris.

ramener tous les ornements dont l'idée a été empruntée de la nature, et que l'homme a soumis aux lois de son esprit et à l'empire de sa liberté.

Donc le premier principe de la composition ornemen-

L'alternance.

tale est la répétition, et cela se conçoit aisément : la répétition frappe comme une marque de volonté, l'affirmation d'une forme déterminée. Voulons-nous une composition basée sur une fleur simple ou simplement une feuille en répétant ces motifs les uns au dessus des autres, nous concentrons l'attention du spectateur sur l'espèce même de la fleur représentée. Avons-nous une composition faite de deux motifs variés, l'*alternance* régulière des motifs ajoute la variété qui n'existait pas dans la répétition première. La *symétrie,* qui consiste à répéter un ensemble de motifs réguliers donne plus d'importance à la composition, dont elle élargit le

La symétrie.

cadre; la *progression* l'impose davantage encore par la répétition croissante d'un même motif vers un centre voulu comme dans les frontons des meubles ou des monuments. Enfin les enlacements sans fin des ornements ou des fleurs que produit la *confusion* donnent encore des dessins qui trouvent leur application dans tous les travaux d'art décoratif, depuis la soutache et la broderie jusqu'aux plus beaux monuments de l'architecture. Encore, l'observation de ces lois n'est pas absolument nécessaire pour arriver au résultat décoratif et l'art japonais en est la preuve, mais ces artistes à

La progression.

la fantaisie ravissante n'entendent nullement la décoration comme nous, et ce qui nous en arrive n'est ordinairement placé que sur de petits objets, boîtes et plateaux de laque, crépons, etc., car lorsqu'ils ont besoin comme nous de la continuité dans l'ornementation, on retrouve dans leurs compositions la répétition et l'alternance, comme dans les broderies de leurs robes, les kakémonos ou stores, les tentures murales. Dans les petits objets, les Japonais obéissent surtout à la règle de *pondération* qui consiste à balancer en surface l'importance du fond par rapport à l'importance du décor. Un ornement de côté laisse-t-il un trop grand vide, on y place un ornement secondaire qui sert de *soutien*. Nous ne procédons pas différemment d'ailleurs, et surtout en ce qui concerne la décoration des petits

Application des fleurs et de l'ornement. — Modèle de soutache.

objets, tels que panneaux, vases, sachets ou têtières.

On comprendra qu'il nous est difficile de nous étendre beaucoup à propos des compositions de fleurs et d'ornement, en dehors des quelques principes que nous venons de relater, il y a une question de convenance et de goût personnel qui dépend de chacun. Pour développer ce goût, il suffit de voir les expositions, non en amateur, mais en artiste, c'est-à-dire de s'arrêter longuement aux œuvres qui nous attirent et de rechercher les causes de cette attraction. Puis on consultera les ouvrages et albums spéciaux : le cours d'Edme Couty, les albums d'Habert-Dys, les crépons et albums japonais, enfin on visitera souvent notre musée des *Arts décoratifs*, si riche en matériaux et documents de toutes sortes.

CHAPITRE VI

LA FIGURE

CHAPITRE VI

LA FIGURE

Si pour le paysage on peut avec avantage commencer par des croquis, afin d'étudier le plus de silhouettes et d'effets possible, nous ne pensons pas que la méthode serait bonne en ce qui concerne la figure, au moins pour l'amateur, car on peut affirmer qu'un bon croquis de figure est le résultat d'une expérience assez sérieuse; et cela se comprend aisément : dans le paysage, la correction du dessin, pour aussi complète qu'on doive chercher à l'atteindre, est loin cependant d'être aussi rigoureusement imposée que dans la figure, en ce sens que, dans le paysage, si quelque déformation s'est produite sous votre crayon, le spectateur n'en sera point choqué, s'il n'a la nature devant lui : une silhouette, même la plus bizarre, peut paraître vraisemblable, alors que dans la figure humaine, toute disproportion tourne au grotesque si elle sort de la limite permise pour rendre le caractère. Un visage a-t-il le nez démesurément long, vous ne le ferez admettre que si le reste de votre dessin est d'une parfaite correction. Le spectateur verra de suite que la disproportion du nez est imposée par la nature. Il est donc impossible de compter sur une série d'essais et de tâtonnements plus ou moins fantaisistes, admis dans le paysage, et il est indispensable, dès le début, de s'assujettir à quelques études raisonnées, quelque peu arides, j'en conviens, si l'on veut arriver à rendre avec intérêt la figure humaine, serait-ce même par le plus modeste croquis. Toutefois nous reconnaissons, d'accord avec quelques artistes expérimentés, qu'une fois ces études premières terminées, alors que l'amateur s'est bien rendu compte de la construction et des proportions générales de la figure humaine, dans son ensemble, et dans sa partie la plus souvent interprétée, la tête, nous reconnaissons, dis-je, que l'exécution de nombreux croquis lui rendra les plus grands services, l'habituant à rendre avec facilité le caractère, l'attitude et le mouvement. Au surplus, les études premières peuvent être simplifiées et limitées au strict nécessaire.

En effet, le but de l'amateur en dessin se limite à deux choses, rendre des personnages relativement petits, qui doivent animer un paysage ou une scène de genre, dessiner suffisamment la tête afin d'arriver au portrait intime : que par la suite il s'élève à la peinture d'histoire, à celle du portrait d'apparat, ce n'est point notre affaire.

Mendiante, d'après Meissonier et l'eau-forte de Cl. Faivre.

Or, pour atteindre le caractère individuel qui fait les ressemblances, il est indispensable de connaître les règles générales et les proportions normales qui se retrouvent à peu près partout, au point qu'on en a formé une théorie ou vérité typique, dont le caractère individuel n'est qu'une déviation. Ainsi la ligne des yeux, normalement, doit être horizontale; tel aura l'œil droit placé au dessus de l'axe normal, pour tel autre ce sera l'œil gauche; celui-ci aura l'œil gauche plus grand que l'œil droit, bien que l'étude nous enseigne que les deux yeux doivent avoir la même importance. C'est donc la construction normale et les proportions générales qu'il faut bien connaître si l'on veut pouvoir, selon le caractère individuel, s'en écarter sans invraisemblance.

Nous avons dit d'autre part[1] : La méthode qui consiste à commencer par la copie de l'estampe ou modèle gravé, puis à chercher le rendu d'après la bosse, enfin par la nature, est la seule bonne, surtout si le choix des modèles-estampes est judicieusement fait et n'entraîne pas l'élève à copier servilement non la forme qui est immuable, mais la manière de rendre cette forme qui est toute particulière à l'auteur du modèle qu'il copie, et surtout les différents procédés du modelé des ombres, procédés dont le charme et la perfection entraînent souvent à la mollesse, parfois même à la destruction de toute forme apparente ou réelle.

Les modèles adoptés devront donc être de premier ordre, d'un dessin irréprochable et d'une grande simplicité dans les ombres et le modèle. Il n'y a pas ici à vouloir éviter de faire ce qu'on nomme de la réclame : un seul cours de dessin est réellement complet à ce point de vue, c'est celui de MM. Bargue et Gérôme[2]. Surtout si l'on considère que la copie d'après le modèle gravé est tout à fait préliminaire, qu'on ne doit point s'y attarder, et qu'il suffit de choisir dans cet excellent cours une dizaine de modèles. Mais si le commençant se contente du choix de ces quelques modèles, il doit

1. *La peinture à l'huile* (figure, portrait, genre), pages 13 et 14.

2. Paris, Boussod, Valadon et Cie, éditeurs.

Cours de Bargue et Gérôme. Pl. 42.

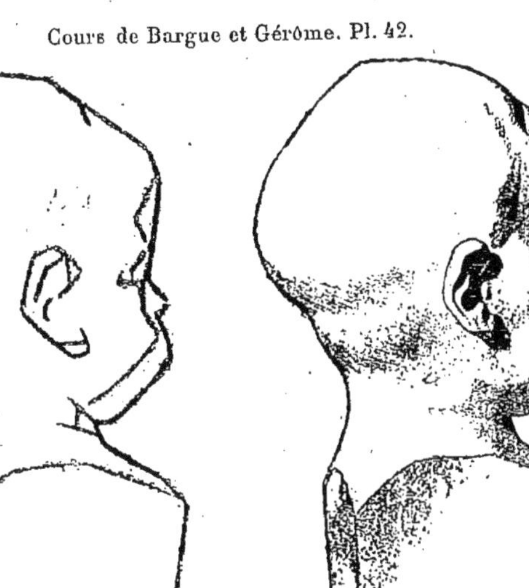

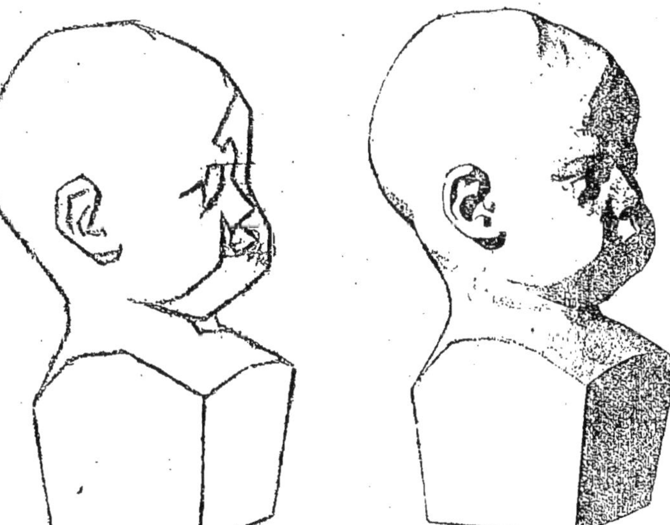

Modèles d'après la bosse. — Eclairages divers.

y apporter la plus scrupuleuse conscience, en pousser l'étude jusqu'au rendu le plus complet : les recommencer au besoin plusieurs fois, en faire ensuite de nombreux croquis, d'abord très cherchés, puis rapidement enlevés enfin de mémoire.

Cet exercice le mènera sans difficulté à l'étude d'après la bosse, où, reprenant les mêmes modèles qui existent, il aura pour guide l'estampe elle-même et pour soutien l'étude qu'il aura déjà faite d'après l'estampe. Puis, changeant quelque peu la place et l'éclairage du plâtre, il étudiera ainsi plus facilement, par comparaison, les variations qui se produisent par suite de l'effet nouveau. Telle partie, tout à l'heure très accusée, très écrite dans ses contours parce qu'elle était en pleine lumière, est maintenant enveloppée, presque invisible, se trouvant dans l'ombre.

La tête d'expression sera ensuite étudiée d'après nature avec le plus grand soin, puisqu'elle constitue l'étude directe du portrait. Lorsque l'amateur est assez avancé déjà pour bien interpréter la tête d'expression, il doit alors reprendre les séries de croquis, même de mémoire, pour s'habituer à mettre en place rapidement, ce qui a toujours son utilité.

Sans attacher une importance exagérée à l'Académie, on doit cependant en avoir fait quelques-unes afin d'être à même de bien camper un bonhomme. Je n'insisterai pas sur l'anatomie qu'on n'a nullemeni besoin de connaître à fond, et dont les grandes divisions seules de l'ostéologie et la connaissance des principaux muscles suffit amplement à déterminer les proportions normales d'une figure. Il faut en effet connaître ces grandes divisions, et nous engageons le lecteur à se procurer le petit ouvrage de Pauquet, *Anatomie à l'usage des peintres*, qui contient tout ce qui est nécessaire aux artistes. Pour une étude plus approfondie, on consultera utilement *l'Anatomie artistique. Leçons professées à l'École des Beaux-Arts*, par Mathias Duval.

Un excellent moyen pour se bien pénétrer des proportions de la figure humaine est d'avoir deux maquettes en bois, bien faites, de leur donner des attitudes diverses, et d'en établir sur le papier la construction ostéologique d'abord, puis myologique. Car la théorie en ceci ne saurait suffire et, bien que la science vous apprenne que l'homme a généralement sept têtes et demie, et trente-deux fois la longueur du nez, cela ne constitue en réalité qu'un canon typique dont l'utilité ne sera réelle que s'il est aisément rendu sous votre crayon.

Un autre moyen, également excellent et de nos jours très suivi, consiste à faire modeler aux élèves de petites figures en terre glaise sur des armatures en fil de fer dont les proportions sont bien réglées. Sans doute tous ces moyens d'étude rentrent un peu dans la convention, puisque maquettes ou armatures ont des longueurs déterminées, mais si l'on possède bien, et de mémoire, ces proportions normales, rien ne sera plus facile d'en changer l'importance partielle quand plus tard on aura la nature devant soi. Avant d'aller plus loin, prenons un modèle élémentaire et voyons ensemble comment il doit être étudié.

LEÇON PRATIQUE. — DESSIN D'APRÈS LA BOSSE.

Ainsi qu'on le voit dans le modèle ci-contre, lorsque la tête se présente de face, on place son fil à plomb au milieu de la base du nez, on se rend compte d'abord si le visage est rigoureusement droit, qu'il n'incline ni à droite ni à gauche, le fil à plomb passant exactement par le milieu du front, de la ligne des yeux, de l'extrémité du nez, de la bouche, du menton.

On trace alors au centre de son papier une ligne verticale plus grande que la hauteur totale de la tête. On se rend compte à peu près de la hauteur totale du nez, et on l'indique un peu en dessus du milieu de la verticale. Pour déterminer cette grandeur, il n'est en réalité aucun moyen pratique absolu : les commençants pourront la mesurer, et peu à peu l'œil s'habituera à la voir exactement, ce qui est bien nécessaire si l'on songe que cette hauteur de nez est la base de tous les rapports de longueurs et de largeurs. Une fois cette longueur du nez déterminée, on compare la longueur du bas du nez au menton et de la base du nez au sommet du front, par rapport à la longueur du nez, et cela au moyen du crayon tenu à bout de bras.

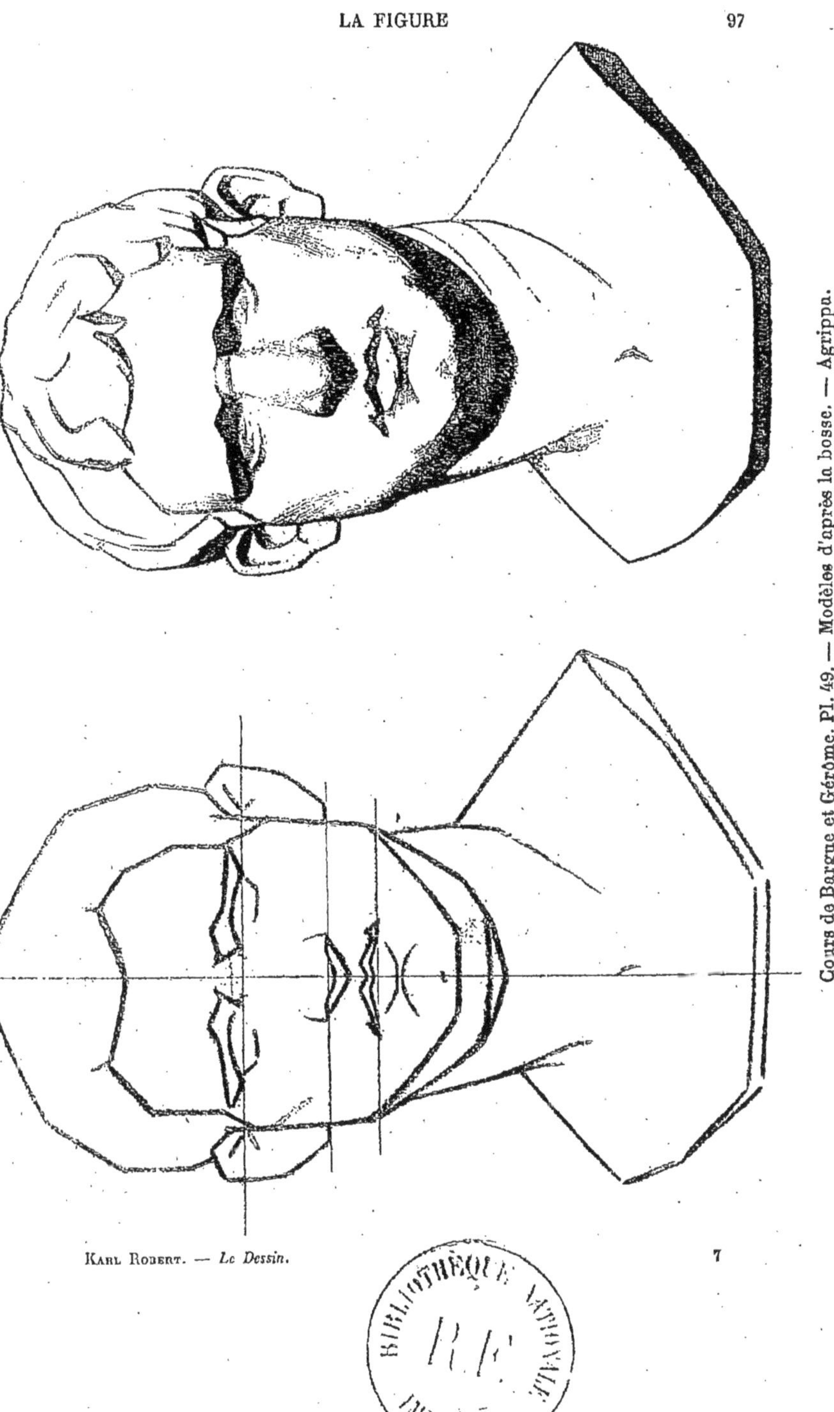

Cours de Bargue et Gérôme. Pl. 49. — Modèles d'après la bosse. — Agrippa.

Dans l'antique, presque toujours la longueur du nez est la même que la longueur du front et celle du bas du visage.

Après avoir indiqué les points, on mesure le rapport de la longueur qui existe entre le haut du front et le sommet de la tête, avec une des trois grandeurs déjà trouvée. On a donc maintenant la hauteur totale de la tête. Toujours avec le crayon tendu à bout de bras, on mesure la largeur de la tête par rapport à sa hauteur. Ici l'on constatera que cette hauteur est un peu plus qu'une fois et demie la largeur. On trace les points extrêmes et l'on dessine en commençant par les contours du nez, c'est-à-dire qu'on représente par une ligne ou un trait d'esquisse l'apparence de séparation des deux grands plans d'ombre et de lumière. On trace de même la silhouette des sourcils, de la bouche, puis l'encadrement du front, enfin la silhouette extérieure, le cou, les épaules, etc., toujours en se servant des premières proportions qu'on sait justes pour les avoir contrôlées avant de pousser plus loin son dessin.

Il est une méthode qui consiste à faire chercher aux commençants la forme, ou silhouette extérieure d'un plâtre, sauf à y inscrire les détails ensuite. Cette manière de procéder nous semble défectueuse; l'élève n'ayant aucun point de comparaison si ce n'est cependant le rapport de la largeur à la hauteur qui est une mesure vague, est, pour ainsi dire, obligé de faire entièrement son tracé avant de s'apercevoir de la moindre erreur, qui, constatée, l'oblige à tout recommencer, tandis qu'en procédant comme nous venons de l'indiquer, la moindre faute éclate au fur et à mesure de l'exécution, et il est bien rare qu'on n'arrive pas juste lorsqu'à la fin, toutes grandeurs comparées, on trace la silhouette extérieure. Tout au plus peut-on tracer l'enveloppe approximative réduite à grands traits, à la forme *géométrique* extérieure. On a ainsi la mise en place correcte, mais non le dessin proprement dit, qu'il faut affiner, avant de songer au modelé. Pour tracer véritablement le dessin, on observe chacun des petits plans, les changements de direction de lignes, enfin toutes les finesses de détails négligés dans la mise en place, et que l'œil perçoit peu à peu à mesure qu'on avance, et qu'on se pénètre ainsi du modèle qu'on a devant soi; puis on masse les ombres par de grands traits en hachures, en commençant par les plus vigoureuses.

Le modelé s'obtient par tous les moyens qu'on peut avoir à sa disposition, le doigt, l'estompe, le tortillon, etc. ; généralement cependant on se sert du tortillon. Il faut bien examiner les plans, ombres et demi-teintes, comparer les valeurs, et les écraser franchement de façon à obtenir des gris fermes et francs. Quant aux finesses du modelé, on y arrive peu à peu en faisant passer les teintes écrasées les unes dans les autres, en observant bien comment ces ombres presque insensibles passent elles-mêmes les unes dans les autres sur le modèle.

Tels sont les principes qu'il faut connaître pour l'établissement d'une tête, de quelque nature qu'elle soit, principes qu'il faut toujours avoir présents à l'esprit

Cours de Bargue et Gérôme. Pl. 34.

Jules Lefebvre. — Etude.

lorsqu'on travaille, soit d'après la bosse, soit d'après nature. Par notre figure d'après J. Lefebvre, on verra que la comparaison de ces proportions se fait exactement de la même manière que précédemment, seulement ici l'esquisse est indiquée sur des courbes régulières

Cours de Bargue et Gérôme. IIIe série, pl. 99.

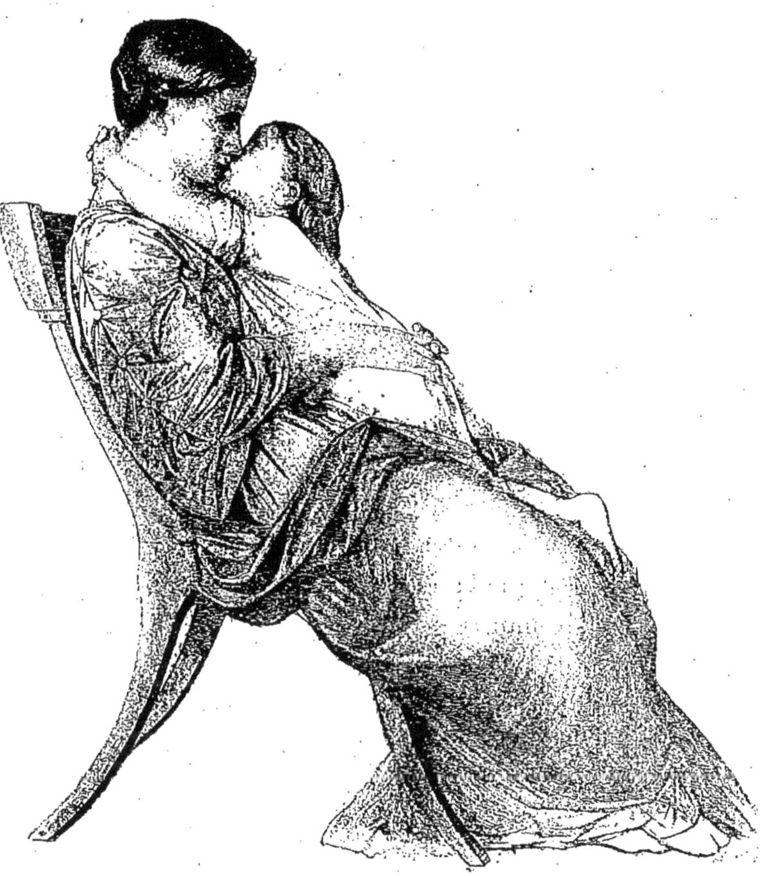

Etude d'après les maîtres. — Dessin à la sanguine d'après Toulmouche.

qui toutes suivent la ligne des yeux, déterminée elle-même par le sentiment du modèle et la position renversée. Ce qui est vrai pour la tête est applicable à l'exécution de la figure entière, seulement c'est la hauteur de la tête qui est prise pour unité, au lieu de la longueur de nez. Nous ne voulons pas nous appesantir ici sur l'exécution d'une figure, ce serait aller trop loin, et d'ailleurs il nous faudrait, pour être bien compris, suivre la gradation du cours de Bargue et Gérôme, ce qui ne nous est pas possible. On se rendra compte de cette gradation par les quelques extraits que nous en donnons.

Ainsi poursuivie, l'étude de la figure met l'amateur à même de placer dans un paysage des personnages n'ayant point, comme on dit, de fautes d'orthographe, mais que de choses encore sont à étudier ! les attitudes, le mouvement, l'expression, le caractère. C'est ici que l'utilité de l'étude et de la pratique des croquis éclate le mieux. En effet, comment fixer le mouvement si l'on ne sait dessiner que la figure posée, comment, d'autre part, rendre le mouvement vraisemblable, si les proportions ne sont pas bien observées ? D'où il faut conclure que les deux études doivent être poursuivies ensemble, autrement il faut renoncer au paysage animé.

Pour arriver à prendre rapidement un bon croquis, il faut s'exercer beaucoup d'après l'estampe et d'après la bosse, mais n'avoir également que des modèles très purs de formes, et ce serait une erreur de copier des croquis d'artistes, rapidement faits, mais par des mains exercées qui sauront plus tard redresser ce qui est incorrect, suppléer à ce qui manque; ces croquis d'artistes, excellents à consulter, ne vaudront jamais ce qu'on peut faire soi-même d'après nature, et l'étude ci-dessus indiquée vous y mène infailliblement. Parmi les estampes à copier en croquis, les eaux-fortes d'après les maîtres sont les meilleures, parce que déjà l'interprétation du graveur vous affirme le caractère, et le rendu nerveux de la pointe incite au coup de crayon pittoresque; nous donnons ici un exemple d'après notre grand Meissonier (page 91), d'après lesquels l'amateur pourra s'exercer en des essais plusieurs fois répétés, s'appuyant sur l'observation de ce croquis de Jeanniot que nous proposons comme type de mouvement et de vérité naturels.

En marche, croquis de Jeanniot.

Pour les tableaux de genre, les maîtres de l'école hollandaise sont d'un enseignement précieux en ce qui concerne la composition et le groupement des personnages, et préférables sans aucun doute aux maîtres de notre école française qui, Watteau excepté, leur sont en ceci bien inférieurs et chez qui la composition semble toujours tuer le naturel. Voyez donc dans nos musées les œuvres de Téniers, de Van Ostade, de Brauwer, de Pieter, de Hooch, de Metzu, vous y trouverez une ordonnance pleine de naturel et qui ne laisse jamais voir les nécessités de la mise en toile comme cela éclate dans presque toutes les compositions de Greuze et des petits maîtres du XVIIIe siècle.

Il ne faut pas confondre le dessin de figure en plein air et le paysage animé. La figure en plein air ne doit pas donner l'idée du mouvement. Prenant toute l'importance du sujet, et formant à elle seule centre d'intérêt, elle doit être exécutée en véritable portrait : seules les valeurs sont très différentes de celles que présente le jour d'intérieur ou d'atelier : aussi, ces valeurs étant d'une extrême finesse sont plutôt du ressort de la peinture que de celui du dessin.

Tout au contraire, dans le paysage animé, la figure, si importante qu'elle soit, n'est qu'accessoire, et ce sont les qualités de paysagiste surtout qui sont exigibles. Il ne faut donc jamais s'attacher à la recherche du détail, le visage même peut être quelconque, je dirais presque sans expression, si l'ensemble d'une figure donne, par son attitude et son mouvement, l'idée de la fonction et de la raison d'être du personnage dans le paysage. Aussi, pour bien rendre ce genre, faut-il multiplier les croquis à l'infini, étudier en de nombreuses silhouettes rapidement prises les habitudes, les allures fréquentes d'un même personnage. Un faucheur a mille manières de faucher, tenir et rentrer la faux, une paysanne de porter un seau, un panier, une botte de foin, c'est tout cela qu'il faut noter soigneusement, sauf à faire poser ensuite, si vous le pouvez, faucheur ou paysanne dans le mouvement que vous aurez adopté selon l'ordonnance de votre paysage.

Cette nécessité de la recherche de l'attitude et du mouvement, sans préoccupation de l'expression du visage, est affirmée dans presque toutes les œuvres de Troyon et de Millet, où le paysage domine, et si parfois la figure est très importante, les maîtres prennent soin de masquer la plus grande partie de la tête par le chapeau ou la coiffe de leurs personnages qui n'en ont cependant ni moins de grandeur, ni moins de poésie.

CHAPITRE VII

LE PAYSAGE

CHAPITRE VII

LE PAYSAGE

Nous arrivons au paysage, auquel nous devons nous arrêter plus longuement qu'à propos de tous les autres genres, non pas, croyez-le bien, parce que le paysage a nos préférences personnelles, mais parce que l'étude du paysage nous semble devoir s'adresser au plus grand nombre des amateurs. En effet, les dessins de figure, les fleurs, la nature morte, le genre, tout cela peut être varié pour occuper les soirées d'hiver; mais la saison d'été, vacances et villégiature, laisse des loisirs bien plus grands encore, et le paysage y est le modèle toujours prêt qui peut occuper tous ces loisirs. Enfin, et cela n'a-t-il pas été dit bien des fois, les albums de croquis et les cartons de dessins de paysage sont autant de souvenirs que chacun garde pour soi le plus souvent, et qui constituent pour l'avenir la révision d'un passé où l'on aime tant à revenir. Je ne voudrais pas chercher à vous influencer, mais je veux cependant considérer avec vous que la fleur, hormis dans son application décorative où le dessin suffit le plus souvent, a son interprète naturelle dans l'aquarelle, le portrait de femme ou d'enfant dans le pastel, les portraits d'homme, les scènes de genre, dans la peinture à l'huile. Enfin, si l'on exécute des portraits en dessin, c'est, la plupart du temps, pour les offrir, il n'en reste donc rien à son auteur, car bien rarement on reproduira deux fois le même personnage, fût-ce même dans des attitudes différentes. Tandis qu'en paysage c'est tout autre chose, une journée peut vous offrir quatre, cinq croquis ou dessins variés, une saison vous en peut produire jusqu'à cent cinquante ou deux cents, formant une relation très complète de vos voyages en précisant vos souvenirs. Il y a plus, tel dessin ou croquis que vous avez pu faire, vous rappelle un endroit voisin où vous n'aurez pu vous arrêter. Pour toutes ces bonnes raisons et bien d'autres encore, c'est le paysage qui doit le plus nous intéresser, et l'étude du dessin y doit, croyons-nous, être poussée aussi loin que possible, car tous peuvent y atteindre avec un peu de travail et quelques connaissances générales que nous allons essayer de résumer.

Observations sur la perspective. — Ce livre faisant partie de notre Bibliothèque spéciale de l'enseignement des Beaux-Arts, nous voulons autant que possible y éviter les répétitions et prions le lecteur de se reporter au traité de peinture à l'huile 1er volume (paysage) et à notre traité des *Éléments de la perspective pratique*, il y trouvera les principales définitions de la Perspective, et

E. CICERI

Croquis à la minute. — Collection H. Laurens.

aussi le savant résumé qu'en a fait Charles Blanc dans sa Grammaire des arts du dessin.

Sans doute, ainsi que nous l'avons dit précédemment,

l'étude de la perspective n'est pas rigoureusement nécessaire pour faire un habile croquis, voire même un excellent paysage; néanmoins, la résolution des deux problèmes principaux, bien qu'ils soient tout élémentaires, *la perspective d'un point* et *la perspective d'une ligne droite*[1], nous ont toujours semblé d'une absolue nécessité pour le paysagiste. En effet, celui qui connaît ces deux théorèmes, comme on dit, sur le bout du doigt, sans qu'aucun point du raisonnement n'échappe à son intelligence, est apte à pousser ensuite l'étude de la perspective aussi loin qu'il le désire, et s'il n'entreprend point cette étude, la connaissance seule de ces deux problèmes suffit déjà pour donner à ses dessins une fermeté dans la direction de ses traits qui en affirme le caractère et la solidité. Souvent, en effet, vous entendez dire d'un dessin qu'il est *bien installé*, ou *solidement campé*, que tous les objets y *portent* bien : en matière de paysage ces résultats sont toujours dus à l'observation ferme et bien indiquée des verticales, des aplombs, des horizontales, enfin des lignes fuyantes. Sachant donc bien à fond la perspective d'un point, celle d'une droite qui n'est autre chose qu'une réunion de points, on peut en déduire la perspective du rectangle qui lui-même est formé de quatre droites, et dans lequel on peut inscrire à peu près tous les objets d'un tableau.

1. Voir notre petit traité spécial : *Les Éléments de la perspective pratique.*

Vous ayant donc renvoyé à notre traité spécial des « Éléments de la perspective pratique », je me bornerai ici à quelques observations d'artiste.

La perspective de paysagiste, n'en déplaise à certains professeurs, est toute de sentiment, et je pourrais citer des maîtres qui l'ont rarement observée au point de vue strict du mot ; c'est-à-dire que, dans leurs œuvres, si chaque objet est bien à son plan de distance ou tout au moins semble y être pour le spectateur, le maître de perspective n'y trouverait pas son compte au point de vue de la vérité géométrique. L'un établit des personnages de premier plan beaucoup trop petits, afin de ne pas diminuer l'importance des monuments ; un autre grossit, au contraire, les arbres les plus rapprochés pour donner plus de profondeur au tableau, alors que la règle généralement admise lui commande de se reculer à deux ou trois fois la distance du sujet. Tout cela, selon nous, est parfaitement admissible, car, je le répète, si les lois de la perspective sont rigoureuses, c'est plutôt pour chaque objet en particulier que pour l'ensemble des objets composant un tableau. Ce qu'il faut avant tout, c'st éviter les déformations choquantes et les oppositions de grandeurs trop prononcées à des plans rapprochés les uns des autres. La distance et la profondeur d'un paysage doivent être obtenues par une dégradation normale des lignes fuyantes, sans heurt violent, sans apparences invraisemblables.

Si donc, le point de vue étant choisi, vous aviez dans

un détail de premier plan quelque détail obéissant à une perspective qui le placerait dans le tableau d'une façon choquante par rapport au reste du paysage, il vous appartient de déroger aux règles de cette perspective et de supposer l'objet dans une position normale. Un escalier, pittoresque même, vu de profil, semblera presque grotesque s'il est trop rapproché du spectateur dans le plan du tableau, parce que sa déformation perspective devient excessive, la partie la plus rapprochée étant énorme par rapport à la plus éloignée. Il faut donc, autant qu'on le peut, éviter tout à fait, au premier plan, des détails dont la construction s'accuse trop nettement par des formes géométriques, ou les atténuer, soit en trichant un peu sur la vérité perspective, soit en en dissimulant une partie sous des détails pittoresques, verdure ou autres.

Je ne veux pas m'arrêter ici plus longuement, un peu d'expérience et l'examen de vos propres essais vous diront bien vite ce qu'il faut faire et ce qu'on doit éviter.

Les exercices préparatoires. — L'étude d'après les maîtres. — Enseignement artistique qu'il faut y rechercher. — Si nous avions à guider un tout jeune paysagiste voulant se jeter résolument dans la carrière artistique, nous ne serions pas très éloigné de lui dire au début : ne travaillez que d'après nature. C'est la tendance moderne d'exclure l'enseignement de la copie, plus encore en paysage que pour tout autre genre de dessin. Ce système donnerait, comme toute méthode bien suivie, d'excellents résultats, mais il y faudrait consacrer toutes ses facultés et tout son temps, partant, travailler en toute saison, et je l'ai dit d'ailleurs, je m'adresse ici plus à l'amateur qu'à l'artiste. J'irai plus loin, et supposant mon amateur fort bien doué, très épris de la nature, je lui dirai aussi : Travaillez d'après nature le plus que vous pouvez. Toutefois, puisque c'est plus une distraction que nous venons rechercher dans l'étude du paysage qu'un but de carrière artistique, je ne vois aucun inconvénient à se préparer par avance aux études sur nature, et, dans les longues soirées d'hiver, à copier dans ce but quelques modèles, crayons dessins et fusains (chacun sait notre faible pour ce genre si rapproché de la peinture et dont nous allons parler plus loin), et à examiner avec soin dans les musées et les expositions de toutes sortes qui abondent avant la belle saison, les tableaux des maîtres, tant anciens que modernes, desquels se dégage toujours un enseignement précieux.

En effet, deux choses préparent admirablement à l'étude de la nature qu'on serait bien naïf de négliger : rendre la main habile à fixer sur le papier ce que l'œil perçoit ; habituer l'esprit au raisonnement sur les choses vues. Nous avons dit que le dessin repose sur la juste observation des formes et la connaissance raisonnée des valeurs. Nous ne saurions donc trop insister sur tout ce qui peut développer ces facultés. Or, dessiner un arbre, une fabrique, un paysage complet d'après le modèle d'abord, puis d'après quelques tableaux, n'est-ce pas façonner la main et la rendre habile à fixer les masses et les silhouettes d'un paysage. Observer chez les maîtres, tels Ruysdaël, Hobbema, Constable, Corot, Th. Rousseau, Millet, Daubigny, comment ils ont compris et rendu les valeurs qui s'accusent dans les

E. CICERI

Croquis à la minute. — Collection H. Laurens.

effets du soir ou de l'orage, et les vapeurs lumineuses des chaudes matinées d'été, n'est-ce pas aussi s'apprendre à raisonner sur la nature, ce qui n'empêche nullement de conserver son indépendance absolue lorsqu'on est soi-même en campagne où la sincérité de rendre ce que l'on voit, comme on voit et comme on sent, est un principe absolu, dont on ne doit jamais se départir.

Lors donc qu'on aura copié quelques bons dessins, j'ai mentionné déjà les croquis d'Eugène Ciceri comme excellents exercices de début, je ne vois aucun inconvénient à se procurer quelques belles photographies d'après les maîtres, et certes les nouveaux procédés de la photographie mate au charbon sont de véritables modèles de dessin, absolument précieux en ce qui concerne le paysage. On peut copier en format double, triple ou quatre fois plus grand "La Chaumière" de Constable, le "Plein soleil" de Corot, que nous donnons ici ; quelques vues des "Bords de l'Oise" de Daubigny, quelques beaux paysages de nos Musées du Louvre et du Luxembourg, sont aussi du meilleur enseignement.

Mais une chose dont il faut se garder d'une manière absolue, c'est la copie de photographies d'après nature. L'objectif voit trop de choses à tous les plans, pour que le commençant ne s'y perde point en la reproduction de détails insupportables.

La photographie d'après nature peut, à l'artiste expérimenté, servir de document et lui être d'une grande utilité, mais avec quelle discrétion il doit savoir en user? Il faut bien réfléchir que c'est surtout par l'expression de la forme générale que le dessin s'impose, et dans la photographie, cette forme générale, ces masses intérieures se perdent sous la minutie des feuilles scrupuleusement rendues. Seule la silhouette extérieure est conservée, et encore! Car elle perd toujours, sous l'influence du détail exagéré, le plus pur de son caractère et de sa fermeté.

Enfin le dernier exercice à faire, avant d'aborder la nature, est la copie de quelques bons tableaux qu'on trouve soit chez des amis, soit en location dans certains magasins qui ont conservé les traditions d'autrefois. Ici, en effet, non seulement la forme est à étudier, mais les valeurs sont à chercher souvent dans une même gamme de couleur, plus souvent encore dans des colorations différentes, et ce n'est pas une petite difficulté, croyez-le bien, de savoir comment on rendra par le simple coup de crayon la différence qui existe entre l'intensité d'un gris et celle d'un vert placés à peu près dans un même plan; le travail matériel et le mode d'expression étant le même que dans l'étude d'après nature, on s'appuiera sur les conseils qui vont suivre pour l'interprétation en dessin des peintures à l'huile.

L'ÉTUDE D'APRÈS NATURE

Les croquis. — C'est assurément par l'étude des croquis que l'amateur doit commencer, parce qu'en toutes circonstances il sera toujours muni des ustensiles nécessaires, l'album et le crayon. Il faut donc attacher une importance capitale au croquis pittoresque, car, si peu fait qu'il soit, il laisse bien présent à la mémoire et fixe en quelques traits l'esprit même des choses vues. Plus tard, sur un simple croquis, à peine indiqué, on

E. Ciceri. — Croquis à la minute. — Collection H. Laurens.

peut toujours, à l'aide de documents complémentaires, exécuter un dessin en quelque genre que ce soit.

Le croquis pittoresque n'est autre chose que l'application des exercices et des principes vus plus haut : si l'artiste est pénétré des éléments de la perspective, s'il recourt constamment au contrôle du fil à plomb réel ou supposé, à l'observation de la direction des lignes parallèles au tableau par rapport à l'horizontale, le croquis lui devient d'une exécution facile. Lors donc que vous exécutez un croquis, le plus important est la manœuvre du crayon, non pas tout de suite sur le papier, mais au bout du bras, dans le sens de la verticale et de l'horizontale, tant pour la direction que pour le contrôle des proportions, exactement comme nous avons procédé pour le dessin des objets usuels. Cette observation va vous sembler bien naïve, cher lecteur, mais la non réussite des croquis vient toujours de ce qu'on n'a pas exercé ce contrôle avant de commencer. Quelques rares, très rares artistes ont le coup d'œil assez juste pour pouvoir s'en passer et déterminer à main levée, sans contrôle, l'enveloppe et la silhouette générale d'un motif; on peut dire que presque toujours ils exagèrent certaines proportions au détriment de certaines autres : hâtons-nous d'ajouter que, si cela ne leur donne pas toujours l'exactitude, c'est souvent au profit du caractère pittoresque auquel on reconnaît le coup de crayon de ces artistes.

Une autre difficulté se présente pour la question de

mise en feuille d'un croquis, c'est-à-dire le choix de la place exacte où l'on doit s'asseoir, et la partie du motif qui doit figurer sur l'album. Enfin, ce motif adopté, la hauteur de l'horizon, l'importance à donner au ciel et aux premiers plans. Ceci, selon nous, n'est pas seulement affaire de goût; sans doute le goût préside au choix du motif, mais la mise en page dépend beaucoup de l'importance qu'on veut donner au centre d'intérêt

de son sujet ou à quelque détail saillant et présentant un intérêt particulier qu'on veut noter avec soin[1]. Maintenant le motif doit-il être *joli?* Eh! oui, convenons-en tout de suite, le motif doit avant tout être agréable, à moins qu'il ne frappe vigoureusement l'esprit par un effet inattendu. Mais, croyez-m'en, le réalisme plat qui con-

1. Un moyen simple et très connu de se rendre compte de l'aspect que prendra le motif sur le papier, est d'avoir une carte de visite découpée en carré, qu'on promène devant le motif, en étendant plus ou moins le bras.

siste à ne prendre que des coins arides, sans air, sans perspective et sans silhouettes qui réjouissent l'œil du spectateur, tout cela, dis-je, n'aura qu'un temps, De ci, de là, prenez-en quelques-uns, à titre de détail, de document personnel, mais que jamais cela ne passe en habitude.

Et la facture, direz-vous : comment doit-on procéder, comment attaquer son croquis? Encore je vous rappellerai le mot de Töppfer : vingt artistes procèderont de vingt manières différentes. Cependant l'observation de la nature porte en elle certains principes dont on peut difficilement s'écarter : le sens des choses, ou leur direction, si vous préférez, et le sens de la lumière. Un mur, des maisons, certaines branches d'arbres, un peuplier, par exemple, demandent un coup de crayon vigoureux, un peu sec même, pour bien rendre l'aspect du modèle. Des chaumes, des branches de bouleau seront mieux traduits par une série de coups de crayon en demi-cercle, partant toujours de l'ombre pour aller du côté de la lumière, ce qui ne vous empêchera pas çà et là d'affirmer la forme par quelques traits de fermeté pour accuser le dessin et le préciser.

Maintenant, du croquis peu fait au croquis très fait, formant dessin véritable, il y a des chemins à parcourir, c'est une question de temps le plus souvent et de mémoire à servir lorsqu'il s'agira de faire usage des croquis. Êtes-vous doué d'une excellente mémoire, quelques traits bien en silhouette et des notes en marge vous suffiront, et vous pourrez alors faire ample moisson dans votre journée : mais je n'hésite pas à le dire, il faut être véritablement doué d'une mémoire excellente pour se contenter de si peu; en chemin de fer passe encore, toutefois si la marche de votre train n'est point trop rapide, et qu'on soit véritablement empoigné par la grandeur d'un motif. Mais, au calme, mieux vaut pousser les croquis jusqu'à l'effet, ayant d'abord bien affirmé les formes et le dessin, car, enfin, pour égoïste que puisse être le peintre, il aime encore à ne pas rougir de ses carnets, et pour cela la précision et la clarté sont nécessaires, s'il veut que ses croquis soient intelligibles à tous.

Nous n'avons rien à ajouter en ce qui concerne les croquis[1], lesquels sont en réalité du dessin en petit et où vous pourrez appliquer les principes qui vont suivre.

En effet le dessin de paysage est en plus grand l'étude plus approfondie d'un sujet plus complet. Il doit être exécuté en plusieurs séances, c'est dire qu'il sera le plus souvent l'étude très soutenue des formes, rarement celle de l'effet, sauf les effets peu mouvementés, que la nature présente plus longuement et répéte aussi plus souvent. Les séances de dessin en été peuvent donc commencer à huit heures du matin jusqu'à onze heures et de deux heures jusqu'à cinq. Avant et après, c'est le cas des croquis et des pochades à l'effet. En exécutant beaucoup de ces impressions d'effets d'après un motif déjà dessiné, l'amateur y trouvera une facilité d'exécution qui sûrement précipitera sa marche en avant vers le progrès.

LE DESSIN DE PAYSAGE — LES CIELS

J'aborde tout de suite l'étude des ciels, parce que le ciel est d'une importance capitale dans un paysage, quel qu'il soit. Bien dessiner un ciel, mettre son paysage sous le ciel, voilà en résumé les deux plus grandes difficultés du paysage : en dessin comme en aquarelle, comme en peinture. Chez Hobbema, Ruysdaël, Cons-

1. Voir au surplus notre *Croquis de route et la pochade d'aquarelle*, le *Croquis et la manière de l'utiliser*, de G. Fraipont.

table, Corot, Harpignies, quelque beaux que soient leurs paysages, ils ne valent que par le ciel, je ne crains pas de l'affirmer, aussi notez bien que les dessins de ces maîtres portent tous l'empreinte d'un ciel bien accusé, quel que soit le moyen d'exécution par eux adopté. L'un le modèle comme une œuvre peinte, l'autre en silhouette les formes d'un contour pur et défini, un autre enfin dessinera sur un papier de couleur dont la teinte lui donnera le ton de fond, la valeur générale du ciel, sur laquelle encore il profilera la forme de ses nuages. Tant il y a que, pour les maîtres paysagistes, rien n'existe qui se présente sans le ciel et son atmosphère enveloppante. Toute une école de second ordre s'est abstenue de rendre le ciel dans ses dessins, qu'en est-il resté? Rien, absolument rien. C'est, à l'insu peut-être des créateurs du genre, la nécessité de rendre les ciels qui a formé les premiers aquarellistes, Bonington en particulier, et les premiers qui firent du paysage au fusain, Decamps, notamment, obéirent aussi à cette loi suprême.

Exécuter un ciel au crayon de mine de plomb est chose longue et difficile, si l'on considère que, quelque vigueur que présente le ciel, il doit toujours être transparent et léger, ne lutter jamais dans ses plus grandes vigueurs avec les noirs d'un paysage. Si plombé que soit un ciel d'orage, il roule toujours ses nuages chargés d'eau sous une certaine transparence qui ne saurait lutter avec des masses d'arbres sombres, des creux de

rochers, les parties dans l'ombre d'une fabrique, voire même d'un terrain, qui, cependant d'une manière générale, reçoit directement sa lumière du ciel et doit par conséquent être le plus souvent, la partie la plus éclairée, d'un paysage considéré dans son ensemble.

Il vaut donc mieux, pour les dessins de paysage d'une exécution soutenue par plusieurs séances d'étude, user des crayons noirs de Conté, de Wolf ou de Hardmuth, mêlés à la sauce ou mieux, croyons-nous, au fusain tendre. Employant, pour le modelé d'un ciel, le fusain tendre écrasé au tortillon, vous pouvez, si vous craignez trop de mollesse par rapport au reste du paysage, accuser les formes et le mouvement d'un trait de crayon, employé cependant plutôt gris foncé que noir.

Sitôt donc votre silhouette générale indiquée, sachant exactement l'étendue qu'occupera votre ciel, vous devez en attaquer l'exécution en le tenant très léger ; quel que soit l'effet, les fermetés ne viendront que plus tard, alors que le reste du paysage sera déjà suffisamment précisé pour que vous puissiez en comparer les valeurs et faire ainsi *vivre et respirer* votre paysage sous le ciel. J'emploie à dessein ces deux mots qui ne devraient, je le sais, être appliqués qu'à l'étude de la figure humaine, mais c'est que je voudrais vous faire sentir dès l'abord qu'en paysage, l'émotion est tout, et pour ne citer qu'un exemple, la chaumière de Rembrandt, cette petite eau-forte sortie de la pointe lumineuse de ce grand maître, a plus de charme et de grandeur que, réunies, toutes les immenses toiles de paysage dont regorgent nos salons annuels.

Nous aurons du reste à revenir sur l'étude des ciels dans l'exécution des paysages et des marines dont nous allons avoir à parler.

Les villages. — C'est par des coins de village que l'amateur doit débuter, parce que ce sont là les motifs les plus faciles en ce sens que la variété des plans et des objets à rendre, murs, toitures, portes, ouvertures, recoins de toutes sortes et verdures (car les vues de village sont presque toujours accompagnées d'arbres et de chemins plus ou moins recouverts d'herbes et agrémentés d'ornières), tout cela, dis-je, par une variété de nature, impose au dessinateur une variété de travail, par suite une observation plus soutenue. Je dis des coins de village, parce que, vus de loin, ils rentrent plus dans le paysage complet dont ils ne forment qu'un des éléments constitutifs, souvent il faut le dire, la silhouette la plus heureuse. Mais en ce cas ils rentrent plus dans l'émotion du paysagiste qu'ils ne sont profitables aux études du début.

C'est qu'en effet, pour se former la main, il n'est encore rien de tel que de procéder du particulier au général. Pour indiquer, dans un ensemble d'une certaine étendue, une maison qui semble s'y perdre en arrière-plan et la mettre bien d'aplomb, le mieux est assurément d'être en mesure de la dessiner individuellement, de près, et avec netteté.

Nous verrons plus loin quelle importance prend cette étude de détail, si l'on veut arriver à bien posséder la construction des arbres et rendre avec intérêt une étendue de premiers plans.

Les villages recouverts en chaume ont à peu près disparu de nos pays et c'est grand dommage pour le dessinateur, parce qu'avec leurs masses d'ombres et de lumières, leurs mousses et les herbes folles qui parfois croissaient au faîte, leurs déchirures accidentées, c'était un élément de pittoresque bien précieux : on en trouve encore d'isolés, il ne faut jamais manquer de s'y arrêter. Il y a plus, le voisinage des tuiles et de l'ardoise compense un peu, par la variété à donner au travail, cette disparition qu'on regrette aujourd'hui.

Cependant les toitures en tuiles, par leurs formes différentes selon le pays où l'on se trouve, et particulièrement dans le Midi de la France, où elles affectent déjà la forme italienne, sont d'un grand intérêt pour le dessinateur ; que la tuile soit rouge ou brune, je crois qu'il importe beaucoup. D'abord le rouge reflète plus vivement la lumière et par conséquent les valeurs ne sont pas les mêmes, ce que vous constaterez en dessinant, l'un à côté de l'autre, un toit de vieilles tuiles, un autre de tuiles neuves, cette dernière sera forcément beaucoup plus claire, dans les lumières comme dans les ombres. Puis le ton criard des tuiles rouges sous le soleil fatigue l'œil et l'émousse pour la vision des finesses de ton et de valeurs. Autant que possible donc,

lorsque le rouge des toitures domine dans une vue de village, ne commencez votre dessin qu'à quatre heures, alors que le soleil a disparu du zénith et ne les éclaire plus que de lumière frisante, l'effet devient beaucoup plus délicat.

La plaine. — Je vous parlerai plus loin de la mer avec ses effets si variés, mais il faut dire quelques mots de la plaine avec ses horizons sans fin, ses effets de ciel profonds et changeants, ses soirs pleins de mystère qui donnent parfois la même impression que la mer, avec plus de calme et de mélancolie. Aussi bien l'étude en plaine, prise d'un monticule accidentel, fortifie singulièrement dans l'appréciation des valeurs aux différents plans. Certes le dessin ne présente pas la ressource de la couleur et l'on y rendrait difficilement « l'Espace », comme Chintreuil « la rentrée des moutons », ainsi que Millet, ou bien encore « les marécages en plaine » avec Théodore Rousseau, non, le dessin ne pourrait traduire ces grandes impressions, mais il doit préparer à les comprendre chez ces maîtres, puis à pouvoir un jour les chercher soi-même, sinon les rendre, lorsqu'on sera devant la nature, la palette à la main.

LES ARBRES

Si les maisons, les villages et les fabriques de toutes sortes sont les premiers modèles et les éléments qui forment le dessinateur; c'est avec juste raison qu'on a

dit que l'arbre est l'académie du paysage, car, à de très rares exceptions près, il n'y a pas de paysage sans arbres, de quelque nature qu'ils soient. Il faut donc les étudier séparément et multiplier ces études le plus qu'on le peut, c'est autant de gagné pour l'avenir. On a rejeté bien loin et non sans une certaine ironie, les principes adoptés par les maîtres d'autrefois qui faisaient avec soin étudier à leurs élèves une feuille, un groupe de feuilles, une masse, une branche, une attache, enfin le squelette de chaque arbre. Certes, nos *impressionnistes* modernes, après un long doute, sont arrivés à des résultats assez surprenants pour démontrer à l'évidence que toutes les théories sont bonnes, pourvu qu'elles soient suivies avec la plus énergique constance; eh bien, je n'oserai affirmer que leurs premiers essais n'aient été conformes aux vieilles méthodes, plus tard répudiées après une vision nouvelle développée en eux par l'observation, basée sur ces études mêmes. Tant il y a que les façades de nos maisons ont pu changer de style et d'aspect à travers les âges, les fondations sont à peu près demeurées les mêmes depuis l'origine des constructions humaines. En tout il y a des bases immuables et, pour le paysage, la base solide est l'étude approfondie de l'arbre et de sa construction.

Et si partout ailleurs, en matière de paysage, j'ai préconisé les croquis, je me hâte d'ajouter qu'ici le croquis rapide ne saurait suffire à rendre de réels services. Il faut des dessins cherchés longuement et d'une exécution soutenue à qui veut posséder la forme d'une feuille, d'une branche et des attaches surtout, trop souvent négligées. Il faut en un mot procéder du particulier au général et l'analyse scrupuleuse seule peut conduire à la synthèse artistique, laquelle ne peut éclater aux yeux que si elle repose sur une science de fond.

Je disais plus haut qu'étudier de près une maison, c'est apprendre à construire un village : combien cela est encore plus vrai lorsqu'il s'agit d'un arbre! Étant donné qu'en art l'expression tracée doit rendre le caractère individuel, comment y atteindrons-nous sans connaître la construction intime de chacun d'eux? Il n'y a donc pas à hésiter ; il faut revenir à l'étude approfondie des détails de la nature si nous voulons être à même de faire œuvre d'art. Il ne faut pas sans doute se renfermer en des formules données par tels ou tels maîtres, mais en se basant sur leurs principes, étudier d'après nature, faire ce que l'on voit et rien que ce que l'on voit.

Cette sincérité même nous fera par la suite comprendre et bien rendre le caractère individuel, quelque similitude qui puisse exister entre deux races d'arbres : le chêne et le châtaignier par exemple, affectent la même silhouette extérieure, souvent la même construction, le même aspect dans leur squelette; c'est donc uniquement dans ce cas, par l'expression extérieure de

Peupliers d'Italie

fragment pris à distance [illegible]

Peuplier de hollande
Expression à distance normale.

Le Châtaignier. — Construction de la feuille.

la forme individuelle des feuilles, lesquelles sont très différentes, que le dessinateur pourra dire : ceci est un chêne, ceci un châtaignier.

Le Châtaignier. — Expression des masses vues à distance.

Aussi bien l'étude de la feuille, de la branche et des attaches, lorsque le but est le paysage, est loin d'être aussi aride qu'on pourrait le penser au premier abord :

Le Chêne. — Groupement des feuilles, d'après Français.

sans doute l'élève, devant la nature, peut envelopper chaque détail d'une forme géométrique s'y rattachant, soit par la pensée, soit même par l'indication de quelques traits, mais cela n'est nullement nécessaire, comme lorsqu'il s'agit d'appliquer ces principes à l'ornement, et ces premiers exercices rentrent parfaitement dans le dessin pittoresque : c'est de l'art et du plus grand art, si l'on songe que la recherche de la forme individuelle est le premier élément de la peinture déco-

Le Chêne. — L'aspect d'une branche dessinée et mise à l'effet, d'après Français.

rative. Nous espérons l'avoir démontré à l'évidence lorsque nous avons parlé de l'application des études de fleurs, et, pour preuve nouvelle, il suffit d'invoquer les belles études de Français que nous donnons ici.

On peut diviser les études d'arbres en deux catégories : l'une comprenant les arbres à feuillage vigoureux et à écorce rugueuse, comme le chêne, le châtaignier, le noyer, le marronnier; l'autre, les arbres à feuillage doux, écorce lisse, comme le peuplier, le hêtre, le tremble, le bouleau.

Les premiers seront étudiés par grands plans, par masses d'ombre et de lumière, et d'un coup de crayon franc et énergique. Ceux de la seconde catégorie

La synthèse ou manière d'exprimer la forme du feuillé.

demandent plus de souplesse et de légèreté, sans pour cela que la facture tombe dans la mollesse.

Quelques exemples pris à différents plans compléteront, je l'espère, notre pensée, car ici plus n'est de règles théoriques, c'est à la pratique qu'il faut recourir, aux études sans cesse renouvelées d'après la nature.

La forêt, les sous-bois. — Tous les maîtres qui se sont spécialisés dans l'étude et le rendu des sous-bois et de

Le Peuplier.

la forêt, ont fait leur apprentissage par temps gris, surtout pour dessiner, installer, comme on dit, l'œuvre avant de la peindre définitivement. En effet, si la franchise de l'effet de soleil facilite le croquis ou la pochade, il gêne singulièrement le dessinateur qui veut scruter la forme en ses détails, dont il modifie rapidement l'aspect extérieur, et telle rugosité d'un arbre paraît nette et fort accentuée dans l'ombre, qui disparaît presque lorsque le soleil la frappe directement.

Si donc vous voulez un dessin soutenu et de longue haleine, il vous faudra travailler par temps gris ; c'était le grand principe d'un artiste fort habile dans la peinture des sous-bois, César de Cock, qu'il nous a été donné de voir pratiquer et d'entendre raisonner de la question en de fort sages conseils. Diaz procéda de même dans ses études approfondies. Et, en effet, je le répète, l'éclat du soleil est exclusivement du domaine de la pochade, et la forme qui semble immuable varie à l'infini dans les détails sous l'influence de l'effet, dont les valeurs changeantes modifient même la silhouette de ces détails dans les parties claires ou sombres comme aussi dans les demi-teintes.

L'étude des sous-bois et de la forêt est fort aride, il ne faut pas se le dissimuler lorsqu'on commence, par suite de la difficulté qu'on a de faire la distinction des valeurs. Aussi pour les dessins vaut-il mieux adopter le fusain comme procédé, ou un genre mixte, soit le fusain mêlé au crayon noir; voici comment on procède :

clignant dès l'abord fortement les yeux, on juge de la valeur du ton de fond qu'on a devant soi, et d'un frottis de fusain qu'on écrase ensuite au pouce, on cherche à rendre cette valeur; le fusain s'enlevant très aisément,

Un Chêne, par Jules Dupré.

même lorsqu'il a été frotté au pouce, on aura toujours la facilité d'enlever par place des gris à l'estompe, soit de peau, soit de papier, et des blancs éclatants à la mie de pain sur ce ton de fond, après les avoir ébauchés et mis en place avec un fusain un peu ferme, du vénitien, par exemple, on reprend tous les détails, arbres, pierres, feuillages même, au crayon noir de Conté. Ce moyen offre donc de grandes ressources et nous vous engageons beaucoup à l'adopter, même pour de petites études. Si vous voulez par la suite l'appliquer à l'exécution de véritables *fusains,* vous y serez déjà bien préparés et pour le surplus des détails de l'exécution de ce genre spécial, nous vous renvoyons à nôtre *Fusain sans Maître*.

Ayant donc fait ainsi vos premières armes, en forêt de préférence, parce que les arbres plus volumineux au premier plan divisent mieux l'effet général, vous pourrez attaquer plus facilement l'étude délicate des sous-bois, à la mine de plomb même si vous le préférez, où vous remplacerez le ton de fond par une série de hachures bien en valeur, laissant jouer le ton du papier pour la pleine lumière ou les effets francs du soleil.

Les anciens papiers Peléé, qu'on trouve assez rarement aujourd'hui dans le commerce, étaient excellents pour l'exécution des sous-bois, à cause justement de cette teinte locale générale qui les recouvrait et permettait les enlevages ; les papiers dits procédés les ont remplacés, pour ainsi dire, avec avantage, puisque le dessin fait, on peut en tirer parti pour la reproduction en héliogravure : mais il y faut un apprentissage matériel, car, pour qu'un dessin ainsi exécuté soit de belle venue, il faut qu'il soit très franc. Le crayon Wolff, géné-

Étude de chênes vus par les masses au deuxième plan, d'après Th. Rousseau. — Collection Amand Durand.

ralement adopté ne s'y efface point autrement que par les enlevages au grattoir et sa couche de blanc, une première fois enlevée, il est difficile de lui faire subir une seconde correction.

Malgré la difficulté grande qui l'accompagne, l'étude de la forêt, au milieu du calme absolu, celle des sous-bois toujours agrémentée du chant des oiseaux est d'un charme infini, et lorsqu'un peu d'expérience vous aura rendu maître des moyens d'exécution, que de longues séances vous y passerez! La forêt de Fontainebleau, la plus belle de France, est et demeure le véritable atelier du paysagiste, avec ses roches énormes et ses chênes séculaires. Et c'est encore là qu'il faut chercher le secret des belles œuvres des Diaz, des Rousseau, des Palizzi et des Zuber.

Les bords de rivière. — Les lacs. — Les cascades. — Eau courante. — Eau dormante. — C'est de préférence au bord de l'eau que le beau soleil de printemps attire le dessinateur, et cela se conçoit : la simplicité des brumes du matin, le calme des soirs y résument en quelques traits, bien accentués, les formes du paysage. L'espace occupé par le ciel et par l'eau simplifie beaucoup la mise en place, et, bien qu'il faille ensuite étudier l'un et l'autre en détail, il n'en est pas moins vrai que les bords de rivière ou d'étang offrent à l'étude des ressources toutes particulières en vue d'un résultat, sinon parfait, au moins toujours encourageant. Et c'est un élément qu'il faut bien se garder de négliger,

car des encouragements que donnent nos premiers dessins quelque peu flatteurs pour notre amour-propre dépend presque toujours la réussite future. Sans doute il ne faut pas se rebuter pour quelques essais infructueux, mais, je vous l'ai dit, le choix du motif *agréable* a son importance et l'on peut y étudier la nature avec autant de fruit, mais avec beaucoup plus de charme et de chance de réussite que si l'on adopte un motif ingrat et sans intérêt.

La première chose à faire lorsque l'eau doit occuper une partie importante d'un dessin, est de bien établir l'horizontalité des plans qu'elle vient arrêter, c'est-à-dire la base des terrains baignée par l'eau. Cette ligne, formée d'une succession de traits superposés se dirigeant vers l'horizon, ne doit jamais présenter l'aspect d'une courbe, autrement les eaux ne seraient pas planes ; vous établirez donc en premier la ligne d'horizon, cela va de soi, à peu près au tiers de la hauteur totale du dessin, à partir du bas de la feuille de papier, ce qui est de règle générale, sauf pour des exceptions voulues et très particulières, puis cette ligne d'horizon bien déterminée, vous montez la perspective de l'eau, comme je viens de le dire, par une succession de traits et non par une courbe ou même par une oblique montante et roide comme nous l'avons vu faire souvent.

Sur cette base ainsi établie, vous indiquez la partie supérieure des terrains par un trait léger, et tout de suite les accents de vigueur qui vous frappent le plus dans le plan vertical des berges. Dès lors vous avez l'assiette de votre paysage : par comparaison des distances, vous indiquez les masses qui s'y trouvent, les arbres, par un trait d'enveloppe anguleux, les maisons et les fabriques, par des verticales, les objets divers par des obliques ou fuyantes, ainsi que les toits des maisons; vous avez alors une mise en place que vous rectifiez, mais le moins possible, car il faut habituer l'œil à voir juste, en ne permettant à la main de ne placer un trait que lorsqu'on est à peu près sûr qu'il restera; pourquoi certains paysagistes obligeaient toujours les élèves à faire leurs études de dessin au crayon gras lithographique, lequel, sur papier, ne permet aucune retouche.

Nous n'avons pas à revenir sur le ciel, si ce n'est dans son harmonie par rapport au reste du paysage, principalement à l'eau qui le reflète souvent en grande surface. Il faut le tenir léger, et toujours dans la forme des croquis, jusqu'à ce que le dessin soit assez avancé pour le reprendre alors en même temps que les parties de l'eau qui le reflètent.

Les eaux doivent être traitées par un coup de crayon très franc, le moins possible par frottis, si ce n'est pour le ton ou mieux la valeur générale des reflets du ciel; mais procéder de même pour ceux des masses d'arbres ou des maisons serait courir au flou et à la mollesse. Observons, en effet, que la plupart du temps les reflets dans l'eau sont plus vigoureux que les objets reflétés dans les parties sombres, mais les lumières sont plus grises, à moins toutefois que le soleil ne frappe directement la surface de l'eau; il faut donc y employer une grande fermeté de dessin tout en ménageant avec soin les détails, tels que nénuphars, roseaux, herbes diverses ou objets flottants, lesquels plus encore doivent avoir un trait de vigueur très ferme sous la ligne de démarcation qui les sépare de l'eau, soit que le reflet doive en être interprété, selon l'aspect qu'il présente, en coups de crayon horizontaux ou verticaux.

Plus l'eau est calme et dormante, plus elle est difficile à rendre, car aisément le dessin présente l'aspect d'un miroir où l'eau forme l'image renversée du paysage, ce qu'il faut éviter bien que les reflets soient d'une tonalité générale plus vigoureuse que le paysage, il faut cependant laisser perdre insensiblement la forme des extrémités par un coup de crayon plus souple, plus indécis.

Dans les eaux courantes et mouvementés, au contraire, c'est la partie de l'eau la plus rapprochée des premiers plans qui est souvent la plus vigoureuse et demande par conséquent une fermeté de touche beaucoup plus grande.

Les cascades ou chutes d'eau sont de deux sortes : ou bien elles serpentent entre les rochers bas d'un ruisseau ou bien elles tombent en nappes blanches; dans les deux cas, le mieux est de laisser en blanc toutes les parties du dessin occupées par l'eau, pour y revenir en quelques accents de formes, lorsque le reste du dessin est achevé. Autant que possible, fuyez les effets produits par les eaux noires comme cela arrive souvent sous bois, quelque soin que vous apportiez à cette étude, vous n'arriverez qu'à un piètre résultat, le dessin étant toujours lourd dans ces sortes d'effet. Et c'est une grande chose que de savoir choisir le motif à faire : tel prête à l'étude peinte, tel autre à la rapidité de la pochade d'aquarelle, peu de motifs prêtent réellement au dessin qui demande à lui seul un effet franc, des oppositions de noir et de blanc bien nettes, des gris également pour enlever toute sècheresse et toute dureté, enfin, et surtout, un centre d'intérêt nettement accusé, dans le premier ou le second plan.

LES SAISONS ET LES EFFETS

Si quelque jour vos études de dessin vous portent vers l'art décoratif, l'observation de la nature par les différentes saisons et leurs effets variés est indispensable. Il est plus que probable que ce n'est pas le dessin que vous y emploierez, mais la couleur, et cependant c'est toujours à l'aide de vos croquis de nature que vous ferez de ces éléments constitutifs, la composition d'ensemble. Il faut donc étudier les saisons et en même temps les effets qu'elles présentent le plus souvent.

Au printemps, la nature s'éveille : point de feuilles encore, au plus quelques pousses et quelques brindilles nouvelles; les terrains verdoient légèrement, et cette jeune verdure masque la rugosité des détails si saillants durant l'hiver. L'ensemble d'un dessin exécuté au printemps doit donc présenter un aspect gris et léger; quelques accents seulement dans les premiers plans, pour donner de la profondeur au paysage. C'est aussi le moment de l'étude des arbres en fleurs, le pommier, le cerisier, le pêcher, l'aubépine, l'acacia, le faux-ébénier, étudiés non seulement dans leurs ensembles, mais par le menu, par la branche particulière, vous laisseront en mains des matériaux que vous serez heureux de retrouver plus tard.

L'été offre toutes les ressources au dessinateur : la crudité violente des verts de juin, terreur de bien des peintres, ne saurait le troubler et les longues journées lui permettent d'étudier tous les effets : matinées vaporeuses, effets éclatants du soleil de l'après-midi, soirs ambrés des soleils couchants, effets de lune mystérieux, parfois aussi les lourds orages avant qu'ils ne déversent sur lui leurs torrents d'eau qui pénètrent, mais sans grand danger par suite de la chaleur ambiante; notons en passant quelques-uns de ces effets.

Pour l'orage dont les grands et lourds nuages passent encore assez rapidement sous l'influence du vent qui les chasse, il faut non seulement en indiquer les formes, mais masser, vivement aussi, les vigueurs au premier coup, sans crainte de dépasser la valeur voulue; on sera toujours à même de forcer encore sur le paysage s'il faut des vigueurs très intenses, particulièrement pour les silhouettes des fonds qui, sous l'effet d'orage, deviennent parfois d'un noir d'encre. Cette rapidité d'exécution peut s'appliquer aussi aux soleils couchants dont la marche paraît lente parce qu'elle est calme et charmeuse, mais pourtant bien fugitive aussi pour l'observateur. Le dessinateur ne peut guère rendre le coucher du soleil que lorsqu'il a lieu derrière les nuages, même clairsemés, et les ombres allongées venant vers lui des masses du paysage, lesquelles demandent aussi une grande intensité, un coup de crayon énergique.

Ces effets sont beaux par tous les temps : l'automne en présente de très mouvementés, et c'est avec les brumes du matin un sujet d'études intarissable. Mais le rendu des brumes de septembre est d'une difficulté extrême pour le dessinateur, et pour nous il faut recourir aux ficelles de l'aquarelle pour rendre ces sortes d'effet, le crayon n'y trouve pas son compte.

L'hiver, au contraire, prête beaucoup à l'étude et facilite la tâche du dessinateur, car si les arbres dépouillés de leurs feuilles sont longs à rendre par le menu, chaque branche se profile nettement, et les points d'attache qui sont le caractère distinctif des espèces se voient sans difficulté. Mais il faut s'entraîner et ne faire ses premières armes que par un beau soleil de midi ou gare les rhumes et les fluxions de poitrine, et alors adieu pour plus tard aux études de l'effet de neige pourtant si intéressantes. Je ne voudrais pas vous entraîner trop aux mauvais principes, mais je comprends si bien qu'on peut avoir l'horreur du froid que je vous engage très sincèrement à vous exercer beaucoup d'après de bonnes photographies, avant d'aller d'après nature. La photographie n'est pas parfaite, il s'en faut : elle présente des déformations qui, parfois, peuvent être nuisibles, et souvent exagère les premiers plans jusqu'au disgracieux; mais, si l'on examine avec soin de bonnes épreuves de neige ou d'hiver, on y trouve encore d'excellents enseignements, et pour habilement qu'ils le fassent, je vous certifie que nombre de paysagistes s'en servent encore, bien qu'ils s'en défendent avec énergie.

DES MARINES

Qui de nous, assis au bord de la mer, n'a été frappé tout d'abord de l'apparente simplicité même du spectacle qu'il avait devant soi, au point de vue des formes et du dessin? Il ne faut pas s'y laisser prendre, ce n'est là qu'une apparence, et sous la ligne calme de l'horizon, quelle variété de silhouettes dans ces vagues sans cesse renouvelées! Aussi la mer proprement dite est d'une difficulté incontestable à rendre en dessin, l'effet y étant, pour le bon résultat, considérable; l'aquarelle, ou seulement la sépia et l'encre de Chine y sont tout à fait préférables. Cependant je veux appeler toute votre attention sur les études préalables qui sont absolument nécessaires si l'on veut peindre des marines, soit à l'huile, soit à l'aquarelle. Je dis à l'huile, parce que les ressources pour le commençant sont beaucoup plus grandes ; ne vous y trompez pas, la peinture des marines à l'aquarelle, si vous n'y avez pas la bosse fort proéminente, commence par des déboires et un gâchis de papier incommensurables. Et cela se comprend : les formes indécises et changeantes de la mer n'autorisent aucune correction avec les procédés si restreints de

l'aquarelle, c'est donc ici surtout qu'il faut être maître de ses moyens, et ne donner un coup de pinceau que lorsqu'on est sûr qu'il portera et pourra rester.

Comment en être sûr, c'est ce que nous allons tenter d'expliquer. Il est de toute nécessité, avant d'entreprendre les études de chevalet, d'errer d'abord un certain temps sur la grève et d'observer, un album à la main, le mouvement des vagues et les aspects de la mer, afin de se rendre compte de la cause des valeurs diverses qui se succèdent sous les différents effets de l'atmosphère et du ciel. On commencera par prendre des croquis de silhouette de la crête des vagues de premier plan; au haut du papier, on indiquera la forme du moutonnement de la vague qui va déferler, d'un seul trait ondulé, puis, la suivant, on la dessine en traits interrompus au moment où elle déferle et prend toute la silhouette qu'elle peut donner; malgré la variété de ces formes, diverses à chaque vague qui arrive, il y a cependant entre elles une analogie parfaite, et c'est l'étude de cette analogie qui constitue ce qu'on appelle *l'esprit* de la forme. Eh bien, avant de peindre les marines, il faut, selon nous, et l'étude des cartons des maîtres nous l'a démontré, posséder sérieusement déjà l'esprit des formes par tous les temps, par tous les effets. Ainsi, sûrement, ont procédé Backhuysen et Van de Velde, dont les navires sillonnent les eaux vertes et tourmentées; ainsi notre Joseph Vernet, en ses marines ambrées du rayon d'or des soleils couchants [1]; ainsi Th. Gudin aux naufrages effrayants, ainsi Courbet dont la vague, en un lourd manteau de plomb, implique, par la seule unité, l'idée de la tempête; ainsi Stevens, notre grand artiste moderne, aux tons argentins des mers calmes et de flots légers.

Ainsi, toujours et partout, nous trouvons cette néces-

1. Musée du Louvre.

Mer calme, par Alfred Stevens.

sité d'étudier le dessin par des séries de croquis, véritable notation des formes auxquelles la nature donne une physionomie, une mobilité quelconque. D'où il résulte qu'il faut réserver l'étude approfondie du dessin de longue haleine pour les objets stables, lesquels, par opposition, seront d'un dessin arrêté et correct. Ils ne manquent point au bord de la mer : les grèves avec les rochers, les jetées, les navires au repos, les agrès détaillés eux-mêmes et partiellement étudiés, poulies d'attache, ancres, amarres, etc., etc., tout cela prête à l'étude et vos albums n'en seront jamais trop garnis. Vous retrouverez par la suite tous ces éléments lorsque vous aurez à rendre une marine sous l'effet, alors que les détails perdus dans un ensemble doivent seulement être indiqués, mais avec cet esprit de forme exacte qui doit présider à tout bon dessin.

Je n'insiste pas davantage sur la marine dont j'ai eu à vous entretenir plus complètement dans mes traités spéciaux de la *Peinture à l'huile* et de l'*Aquarelle*, car, outre l'étude de la nature, qui s'impose bien entendu, je considère que l'étude des maîtres et de leurs différents modes d'interprétation est le meilleur guide qu'on puisse désirer.

CHAPITRE VIII

LES ANIMAUX

CHAPITRE VIII

LES ANIMAUX

C'est avec raison qu'on a dit : pour dessiner les animaux d'après nature, il faut déjà les savoir dessiner par cœur, *de chic*, comme on dit : en effet, pas un ne s'y prête, et le bœuf, à l'air tranquille, est lui-même d'une mobilité désespérante. Poules, canards, moutons, chevaux, tout cela remue sans cesse, ne pouvant comme l'homme être invité à se tenir immobile, serait-ce même quelques instants. L'âne, peut-être, malgré sa mauvaise réputation, est le plus facile à étudier, à cause de son extrême intelligence. Consultez tous les spécialistes, ils vous confirmeront ce dire, car il n'est pas un artiste aimant les bêtes qui n'ait pour l'âne une prédilection marquée. C'est en effet le plus familier de tous les animaux, le plus résigné, et celui d'après lequel, à mon sens, il est le plus facile de faire ses premières armes. Bien qu'il ait avec le cheval moins de rapport qu'on pourrait le supposer, il est cependant évident que certaines analogies de formes facilitent la tâche du débutant. Enfin c'est l'animal qui se tient le plus tranquille lorsqu'il est attaché, on fera donc bien de commencer par lui.

Tous les animaux domestiques peuvent être étudiés à l'attache, sauf les animaux de basse-cour qu'il faut absolument suivre à la traîne. Cependant l'oie se prête aisément à une manœuvre machiavélique qui consiste à la placer devant une glace. Étonnée, elle demeure assez longtemps immobile, non sans toutefois tourner et retourner sa tête pour contempler son image et chercher à comprendre !

Avant de se livrer à l'étude des animaux en plein air, avant de songer à recueillir des documents personnels, il est nécessaire d'en avoir dessiné pas mal, en premier lieu d'après l'estampe, d'abord dans l'excellent cours dit de Rosa Bonheur, dont plusieurs modèles ont été exécutés par elle, et les autres, sous ses auspices, par ses frères et sœurs, tous artistes de premier ordre, puis d'après la série des Van Marcke publiée par Boussod et Valadon, enfin d'après les eaux-fortes si intéressantes de Paul Potter et de Berghem qu'on se procure encore dans les prix doux, en cherchant un peu, enfin parmi les modernes d'après celles de Charles Jacques et de Chaigneau.

Puis, c'est toujours la même méthode, il faut acheter des plâtres et s'y exercer jusqu'à ce que l'on connaisse bien la construction de chaque animal, et sa forme générale (on dit schématique) dans toutes les positions.

Chevaux, bœufs, vaches, chèvres, chevreuils, chiens et poules, tout cela se trouve chez les mouleurs pour artistes et chez les principaux marchands de couleurs. Oies, canards et cochons sont assez rares : pour ceux-là il faudra donc se contenter de l'estampe. Mais, pour Dieu, pas de photographies ! Autant, pour les animaux, elles vous seront utiles à titre de documents lorsque vous possèderez bien votre affaire, comme on dit,

autant l'étude d'après des photographies, si bonnes soient-elles, nous serait nuisible au début. Et cela se comprend : plumes et poils portent en photographie des ombres qui troublent la netteté des plans et il est matériellement impossible, si on ne la connaît déjà très à fond, de retrouver la forme et la construction vraie d'un animal.

Donc c'est toujours d'après la bosse que vous apprendrez le mieux la construction et les proportions des animaux : il y a plus, si vous avez une prédilection marquée et des aptitudes spéciales pour ce genre, s'il ne doit pas être pour vous l'accessoire, mais bien le sujet principal de vos dessins, il faut encore aller dans un muséum en étudier l'ossature d'après les squelettes et, en un certain nombre de dessins, fixer sur le papier les proportions typiques dont la nature s'écarte fort peu. Il faut aussi vous appliquer à connaître les mœurs et les habitudes de chaque espèce, en un mot faire un peu de zoologie parce que, outre le mouvement, vous aurez encore l'expression à rendre, ce qui est le côté le plus subtil de la peinture des animaux. Mais nous n'avons guère à nous en occuper ici puisque notre but est surtout d'en indiquer l'emploi dans le paysage : avec une bonne silhouette, une construction normale, et l'effet, ombre et lumière, cela suffit pour intéresser. Il y a cependant deux sortes d'animaux familiers, le chien et le chat, dont on peut désirer faire de véritables portraits à conserver en souvenir. Pour ceux-là, il faut absolument les étudier pour ainsi dire au moral comme au physique, si l'on ne veut faire un chat ou un chien quelconque, mais bien *son* chien et *son* chat. Mais ceci n'est qu'une exception, et, le plus généralement, les animaux ne seront que l'accessoire.

Encore faut-il que cet accessoire fasse bonne figure : Corot aimait beaucoup à placer des animaux, vaches et autres, dans ses paysages, et les rendait avec une forme indécise pour exprimer le mouvement. Un jour qu'un de ses élèves lui demandait l'explication d'une tache jaune sous la verdure d'un sous bois : « Ça; mon ami, c'est un chevreuil, frrout... ça passe, impossible d'en voir sa forme ; je l'ai vu ainsi, je l'ai rendu de même. » Il ne faut pas exagérer la théorie de Corot, et ce qui peut être admis chez le maître, où le charme et l'excellence du tableau sauve une fantaisie de détail imposée d'ailleurs toujours avec infiniment d'esprit, ne saurait passer dans la modeste étude d'un amateur. Il y a donc un juste milieu auquel il faut s'arrêter : ne pas faire d'une part des animaux immobiles dans le paysage, posant devant le spectateur, et, tout en atténuant la sècheresse des formes et de la construction afin de donner l'idée de vie et de mouvement, préciser cependant d'une manière suffisante pour que l'on comprenne bien les intentions de l'auteur.

La peinture des animaux de basse-cour étant assez difficile puisqu'il faut les suivre à la traîne et faire surtout des pochades, il nous paraît nécessaire d'en étudier ici quelques-uns.

Les poules, les canards et les oies notamment, qu'on rencontre un peu partout, animent le paysage sans y prendre trop de place; aussi, à ce point de vue, est-il bien utile de les connaître avant de les saisir sur nature.

Dans la poule, la plume avec son duvet et ses boursouflures ont d'autant plus d'importance que la bête est plus grasse et, fait assez bizarre, plus la poule est grasse et fournie en plumes, plus la forme est accusée

en son dessin. La poule maigre, le poulet de six mois sont beaucoup plus difficiles à dessiner.

Il y a bien des races et des variétés de poules, mais toutes s'inscrivent dans la même forme géométrique qui est le triangle portant à terre sur un de ses angles: avec un peu d'exercice d'après un bon modèle en plâtre ou une poule empaillée avec soin, on arrivera facilement à se rendre compte des modifications à apporter à sa forme triangulaire et schématique pour dessiner une poule de profil et dans la position droite : le mouvement est plus difficile à trouver et surtout les mouvements de cou, extrêmement mobiles, et qui donnent le mieux l'accent de vérité.

Il y a quelques variétés indispensables à connaître. En premier lieu, la poule commune française, volatile de toutes les basses-cours, qui est d'une taille moyenne, à tête un peu forte avec crête tombante ; son cou est

épais, son œil vif, sa poitrine large, ses jambes généralement jaunes, à plumage tantôt noir, tantôt gris, souvent tout blanc. Ces dernières sont très à étudier, car elles sont précieuses à placer dans un dessin où elles donnent une note souvent indispensable pour réveiller un coin obscur. Pour se rendre compte de l'effet qu'on pourra en tirer, il est bon de l'étudier sur papier procédé, ou tout au moins avoir soin de crayonner un fond un peu ferme derrière sa poule.

La poule Crèvecœur se distingue à sa huppe sans cesse agitée par les mouvements de tête, et sa crête qui est généralement séparée en deux. La poule de Houdan est grasse, de même race et de plans très accusés sous le plumage, pas très haute sur pattes. Le coq de cette race est remarquable. La tête des Houdans porte une magnifique huppe qui semble une chevelure rejetée en arrière et retombant sur les côtés, ce qui fait de cette race un animal très décoratif et facile à placer dans les applications pittoresques du dessin. Les petites espèces telles que les poules russes et cochinchinoises, sont très minutieuses à étudier, et deviennent tellement difficiles à placer à l'échelle dans un paysage que nous ne conseillons pas de s'en préoccuper beaucoup. C'est affaire aux spécialistes dont les volatiles occupent la plus grande partie du tableau et qui ont besoin de leur petite taille pour occuper certaines parties d'une composition.

Les canards. — Le canard est l'oiseau aquatique par excellence; impossible de dessiner une cour de ferme ayant une mare, fût-ce même une mare à purin, sans être tenté d'y mettre quelques-uns de ces animaux. Au bord des rivières et des ruisseaux, ils animent également bien le paysage, et il est rare qu'on ne reconnaisse du plus loin les bords de l'Oise de Daubigny à quelque traînée de canards en file indienne venant au spectateur. Il est selon nous beaucoup moins difficile à dessiner, étant moins mobile que la poule: en outre, le canard s'affale fréquemment à terre et dans l'herbe, car, très vorace, il traîne une panse lourde, et qui le gêne d'autant plus pour marcher, qu'il a les pattes placées

très en arrière du corps ; mais quand il est à l'eau, c'est une autre affaire : on voit qu'il est dans son élément naturel, il file avec une rapidité qui n'a d'égale que la mobilité de tous ses mouvements de tête et de cou. Pour bien étudier les canards, le mieux est donc de les

parquer en quelque coin, et sur l'eau ne prendre que de rapides croquis de mouvements fort simplifiés d'ailleurs puisque la partie la plus difficile à rendre est cachée, le dessous du corps et les pattes baignant dans l'eau.

On rencontre dans les fermes plusieurs races de canards : le canard normand, magnifique palmipède très gros et très gras, et de plumage aux couleurs éclatantes chez le mâle, ce qui le distingue des canes dont le plumage est presque entièrement brun noir, sauf les ailes qui ont des reflets verts, bleus et violets.

La forme du canard rouennais est assez allongée : les ailes sont bien dessinées, leur couleur en détache très

nettement la forme, ce qui n'a point lieu dans le canard d'Aylesbury, également très beau, très volumineux, mais dont le plumage blanc à reflets argentés dissimule la construction.

Les canards de Barbarie et de Pékin sont également forts, mais en plus ont le cou assez long et le bec plus pointu que nos canards normands, de telle sorte que, si l'on n'y prend garde, on dessine aisément des canards qui semblent être des oies. Le canard du Labrador est plus franc d'allure, quoiqu'il ait, non seulement le bec, mais aussi la tête allongée et pointue, un peu dans le genre des cygnes. Son plumage, très varié de couleurs, en facilite le dessin. Toutefois, le canard Labrador est un oiseau assez rare, plus élevé par les amateurs que dans les fermes ; on le rencontre donc rarement dans les champs.

Le cygne et l'oie se rapprochent beaucoup du canard quant à la forme du corps ; le cou et la tête diffèrent sensiblement : il faut porter son attention sur le dessin des pattes qui est aussi très caractéristique. Je ne parlerai pas du cygne, animal peu employé, si ce n'est dans les décorations. Mais l'oie nous semble très intéressante à étudier. Ces animaux aiment l'eau, mais n'y séjournent pas comme les canards. On les rencontre fréquemment aux bords des étangs et des rivières où ils aiment à faire leur toilette, car l'oie, à l'encontre du canard, est d'une propreté rare et, sous son aspect bon enfant, d'une très grande coquetterie.

Passons maintenant aux quadrupèdes le plus fréquemment employés dans la peinture de paysage. Les moutons, les bœufs, les vaches, le cheval, l'âne, les biches, les chevreuils doivent à ce titre intéresser le lecteur, tous les autres animaux, tels que les chiens, les chats, les perroquets, enfin les fauves de toutes races, ne présentant pour nous qu'un intérêt relatif, nous ne nous y arrêterons pas. Qu'un maître comme Rosa Bonheur, qu'un poète tel que Delacroix, qu'un grand génie comme Barye aient été tentés par la structure magistrale du tigre et du lion, soit, et cela était logique à la conception de ces grands artistes, mais de tels sujets ne sauraient supporter la médiocrité et nous nous dispenserons de les aborder, dans la crainte de tomber, je n'irai pas jusqu'à dire dans le ridicule, mais dans la prétention, ce qui équivaut; bornons-nous donc aux animaux souvent rencontrés, ou dont le caractère rentre bien dans la nature des œuvres que nous sommes à portée d'entreprendre.

Les moutons. — Au point de vue de la réalité, le mouton joue en peinture un aussi grand rôle qu'en littérature; de même qu'il n'a été oublié par aucun des poètes qui ont célébré les champs, les travaux rustiques et les divers épisodes de la vie pastorale, de même il a été représenté par la plupart des paysagistes, et le plus souvent, ceux qui l'ont représenté en ont fait le motif principal de leurs tableaux. Les Hollandais, Paul

Potter et Berghem nous ont laissé des eaux-fortes qui peuvent servir de types à l'étude qu'on peut en faire avant de les étudier d'après nature, de même que chez nous on trouve des lithographies et des eaux-fortes d'ordre tout à fait supérieur, par ou d'après Troyon, Ch. Jacque, Rosa Bonheur, Auguste Bonheur, Juliette Bonheur, Brissot de Warwille, Schenk, Palizzi, Chaigneau, Van Marcke. Les éléments d'étude ne manquent

donc pas à cet égard. Ce qu'il faut surtout chercher à rendre, c'est la finesse du dessin des pattes, si grêles qu'il semble que leur ténuité n'est pas en rapport avec le reste du corps. Je recommanderai très particulièrement les eaux-fortes modernes de Ch. Jacque et de Chaigneau. Ces maîtres ont admirablement rendu le mouton, non pas celui des bergers et des bergères à la Watteau, soyeux, peigné, presque enrubanné, mais le vrai mouton des champs, au lainage gris et malpropre; parfois crotté jusqu'au ventre, mais qui n'en est que plus réel et plus pittoresque.

Les vaches et les bœufs. — Dans son ouvrage sur la peinture des animaux, où le lecteur trouvera d'excellents conseils pratiques, M. E. Hareux a résumé ainsi la mnémotechnie des formes pour comprendre rapidement la construction générale d'un animal.

« Quand on se trouve, dit-il, en présence d'un animal vivant, qu'on veut essayer de dessiner pour la première fois, on est généralement fort embarrassé, même ayant acquis une certaine habileté comme dessinateur. En effet, le modèle se déplaçant, se retournant perpétuellement, sa forme est très difficile à saisir. Nous pensons être utile aux débutants, en leur donnant un moyen mnémotechnique qui les mettra tout de suite sur la voie pour trouver ce qu'ils cherchent. Ce moyen, c'est la formule, ou la ligne simplifiée ou raisonnée, étudiée sur chaque animal. Quand l'élève se sera bien pénétré de la justesse des systèmes que nous indiquons plus loin, il les apprendra par cœur (ce qui est très facile); et quand il travaillera d'après nature, il saisira très rapidement les mouvements des animaux et les construira instantanément. Ces formules étant basées sur le principe du carré et du triangle, il suffira de procéder comme dans les figures ci-contre, en construisant d'abord un rectangle; ensuite on ajoutera les détails. »

E. Hareux applique cette méthode fort ingénieuse à tous les quadrupèdes, il suffit de varier un peu le contour géométrique extérieur pour déterminer ainsi la forme de l'âne, du bœuf et du chevreuil.

Je n'ai que peu de choses à ajouter. Il est évident que le principe de la construction d'un dessin est à peu près le même pour tous les genres que pour la figure humaine : tracer d'abord une enveloppe géométrique simple, y inscrire ensuite tous les détails en prenant

le plus saillant comme point de comparaison des hauteurs et des largeurs. Bœufs, chevaux, chevreuils, doivent être étudiés sérieusement d'après la bosse et l'on trouve d'excellents et nombreux modèles en ce genre, avant de songer à les interpréter d'après nature.

Puis, lorsqu'on possèdera bien la construction de son animal, on pourra aisément le placer dans un paysage avec tels attitude et mouvement qui sembleront convenir le mieux, et c'est maintenant, mais maintenant seulement, que la photographie instantanée peut être un excellent auxiliaire. Enfin lorsqu'on donne quelque importance aux animaux dans un dessin de paysage, il ne faut pas oublier que certaines parties doivent être sacrifiées, si l'on veut attirer l'attention du spectateur sur ces animaux. Ayez donc des lignes simples, des plans bien nettement délimités, mais soyez sobre dans l'exécution des détails si vous voulez en même temps intéresser par les animaux et produire une impression de grandeur nécessaire au paysage.

FIN

TABLE DES MATIÈRES

CHAPITRE V

CHAPITRE VI

CHAPITRE VII

CHAPITRE VIII

PETITE BIBLIOTHÈQUE ILLUSTRÉE

DE

L'ENSEIGNEMENT PRATIQUE DES BEAUX-ARTS

PUBLIÉE

Par et sous la direction de M. KARL ROBERT

COLLECTION COMPLÈTE EN 12 VOLUMES

SEPT VOLUMES ACTUELLEMENT PARUS :

1. *Les Procédés du vernis Martin.*
2. *La Peinture sur émail. — Les Émaux de Limoges.*
3. *L'Aquarelle* (paysage).
4. *Traité pratique de la Miniature.*
5. *Traité pratique des peintures à la gouache.*
6. *Les derniers procédés de la Photominiature.*
7. *Les peintures sur étoffes, soie, velours, etc.*

SOUS PRESSE :

8. *La Peinture en imitation de tapisserie.*
9. *Les Éléments de la perspective pratique.*

POUR PARAITRE ULTÉRIEUREMENT :

10. *La Céramique d'imitation* (Peintures dites Céramique orientale, Emaillage athénien, etc.)
11. *La Peinture et Gravure sur verre.*
12. *La Sculpture sur bois et le découpage artistique.*

LA REVUE PRATIQUE
DE L'ENSEIGNEMENT
DES BEAUX-ARTS
(Format in-4° de 12 pages)

PUBLIÉE SOUS LA DIRECTION DE

M. KARL ROBERT
Officier de l'Instruction publique

AVEC LE CONCOURS DE MM.

A. KELLER	G. MOREL
Professeur à l'Ecole normale d'Auteuil.	Professeur à l'Ecole des Beaux-Arts de Rouen.

ET DES PRINCIPAUX ARTISTES DE PARIS

ANNÉE 1892-1893.

Chaque numéro contient de nombreux dessins et des leçons écrites sur : 1° Les matières du programme de l'examen de dessin pour le brevet du 1er degré dit examen de seize ans, enseignées par la perspective pratique et le dessin à main levée des objets usuels. Les examens de l'Enseignement supérieur du dessin; 2° L'académie du paysage d'après les maîtres; 3° Les dessins d'illustration, crayon, plume, emploi des papiers procédés; 4° Cours spécial d'enluminure et de calligraphie ancienne par M. le Professeur Foucher; 5° Cours de peintures en émail, céramique, Vernis-Martin; 6° Les arts d'imitation : Photominiature, — Emaillage athénien, — Céramiques dites orientales et peinture-émail sur terre biscuitée, barbotine à froid; 7° L'art de faire un portrait en miniature; 8° L'art des croquis, enseigné par des exemples variés, paysages, figures, animaux; 9° Modèles, grandeur de page, pour écrans, éventails, paravents et toutes peintures décoratives sur étoffes; 10° Programmes et concours, nouveautés artistiques, — Informations, — Correspondance

La Revue pratique de l'Enseignement des Beaux-Arts résume donc aussi complètement que possible ce desideratum artistique pour la jeunesse : joindre l'utile à l'agréable, et donne toutes facilités pour les examens de dessin, tous documents pour les travaux d'amateurs.

PRIX DE L'ABONNEMENT :
Un an : France, **15** francs. — Union postale, **18** francs.

ON SOUSCRIT AUX BUREAUX DE L'ADMINISTRATION
27, RUE SAINT-AUGUSTIN, PARIS
Et dans tous les Bureaux de poste.

(Envoi du specimen, numéro Bijou, rédaction illustrée au quart de l'original, franco sur demande.)

MACON, PROTAT FRÈRES, IMPRIMEURS.

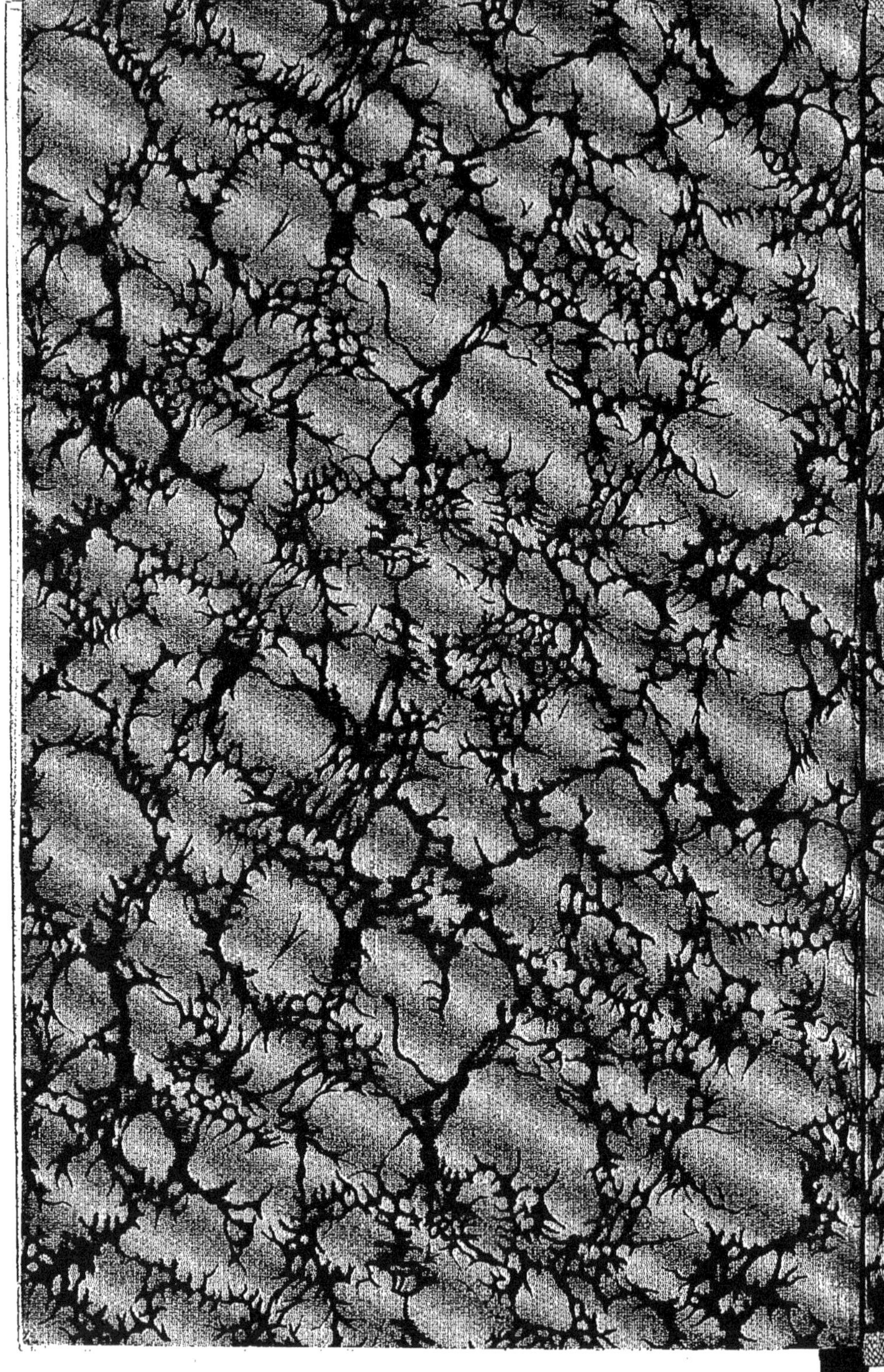

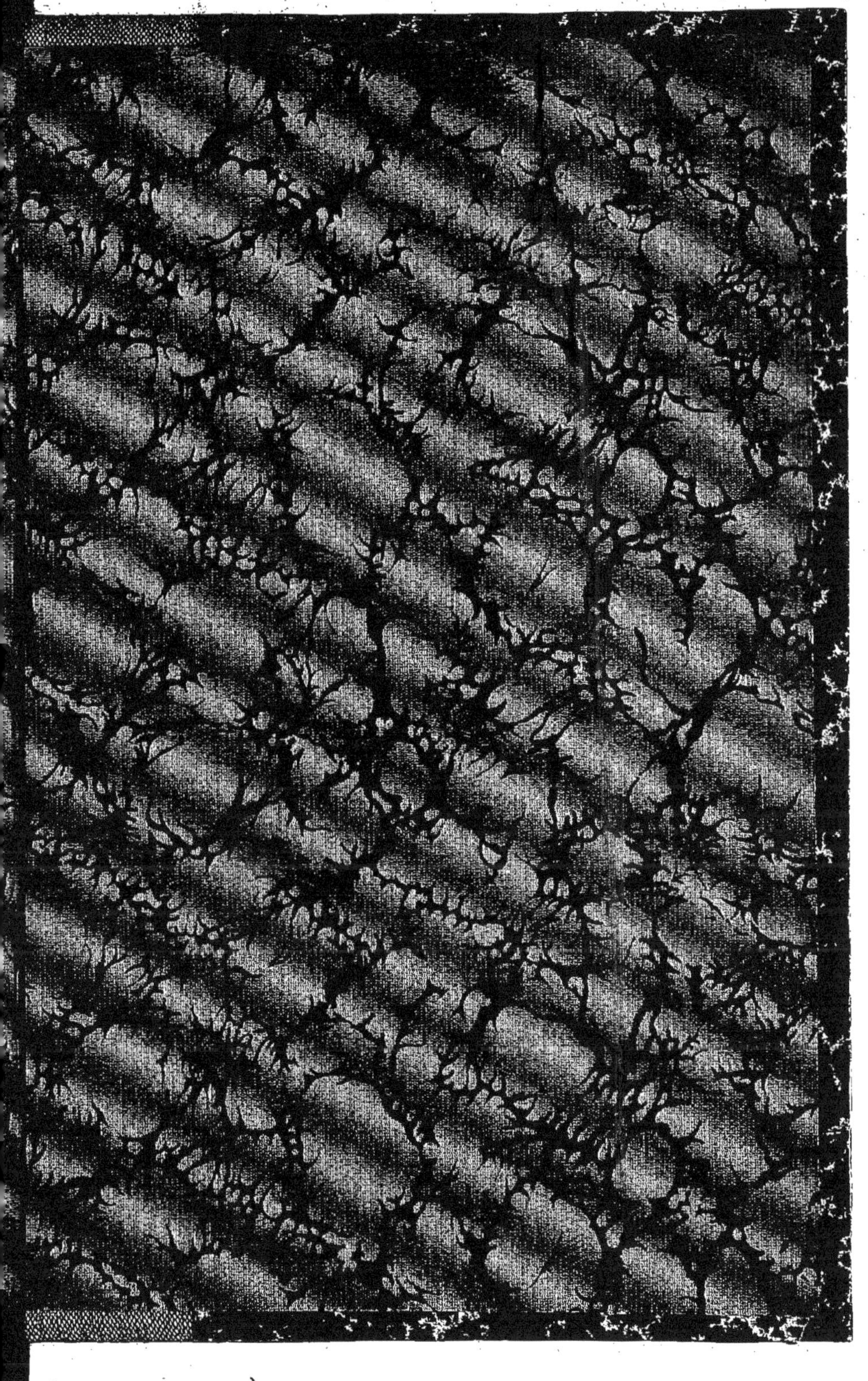

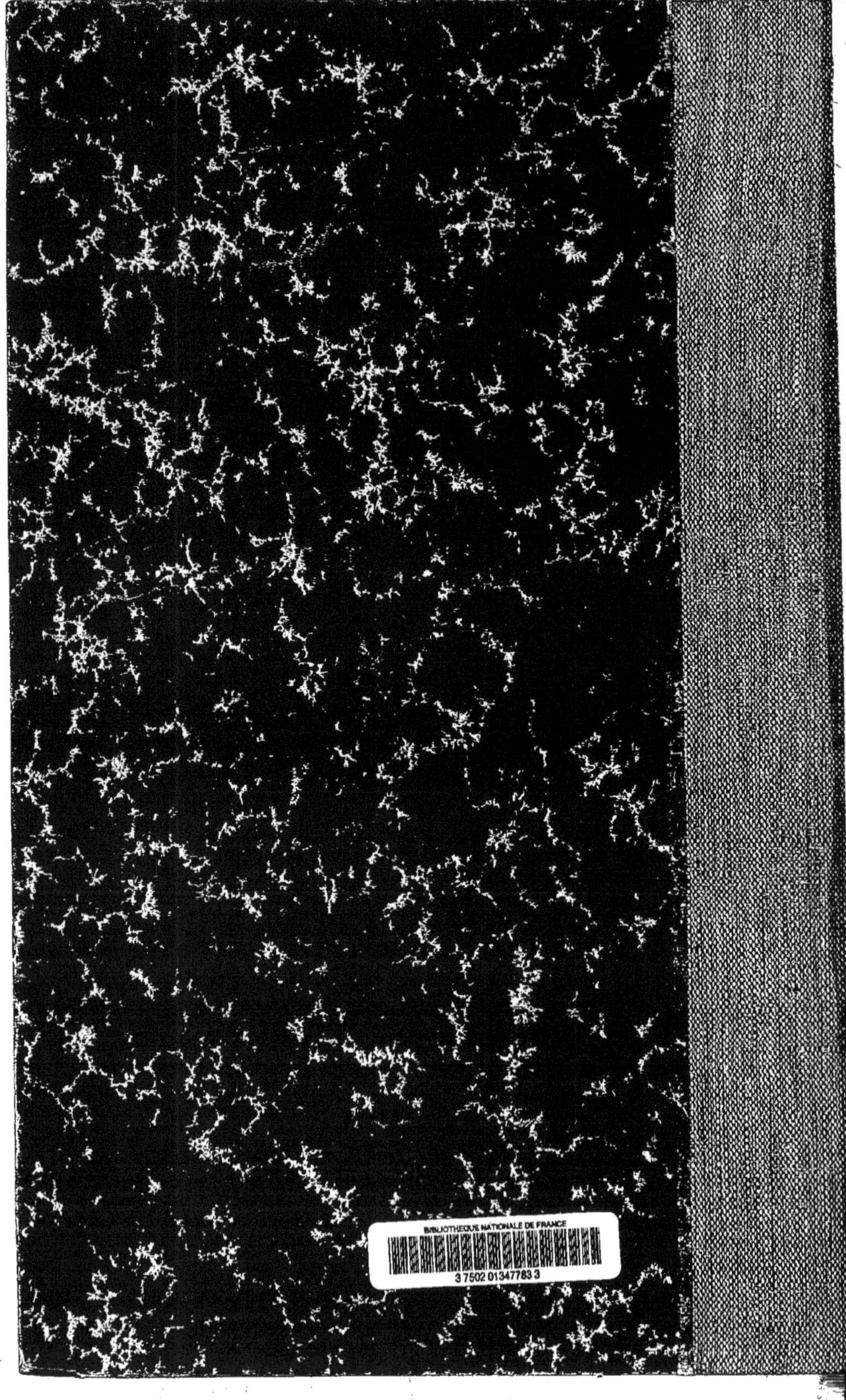

BIBLIOTHEQUE NATIONALE DE FRANCE
3 7502 01347783 3

www.ingramcontent.com/pod-product-compliance
Ingram Content Group UK Ltd.
Pitfield, Milton Keynes, MK11 3LW, UK
UKHW020123200726
13856UKWH00002B/695